Wieder verliebt ins Leben

DETLEF WENDLER

WIEDER VERLIEBT INS LEBEN
40 HEILSAME ÜBUNGEN

Claudius

Überarbeitete und aktualisierte Neuausgabe von
„Was du suchst, das hast du schon", Kreuz Verlag

Quellen

Bild S. 88
© Liewy/ Dreamstime.com
Text S. 131-132
Dietrich Bonhoeffer, Widerstand und Ergebung. © 1998, Gütersloher Verlagshaus,
Gütersloh, in der Verlagsgruppe Random House GmbH

Bibliografische Informationen Der Deutschen Nationalbibliothek
Die Deutsche Nationalbibliothek verzeichnet diese Publikation in der
Deutschen Nationalbibliografie; detaillierte bibliografische Daten
sind im Internet über http://dnb.d-nb.de abrufbar.

© Claudius Verlag München 2014
Birkerstraße 22, 80636 München
www.claudius.de

Umschlaggestaltung, Layout und Satz: Mario Moths, Marl
Titelbild: © erikreis/iStockfoto.com
Druck: Clausen & Bosse, Leck

ISBN 978-3-532-62454-8

INHALT

Einleitung

*Die wissenschaftlichen Belege sind eindrucksvoll:
Gläubige Menschen genesen schneller von Krankheiten,
sind gegen Depressionen weitgehend gefeit und benötigen
weniger Schmerzmittel. Inzwischen beschäftigen sich
auch Schulmediziner mit dem „Medikament", das
nicht verschrieben werden kann: dem Glauben an eine
höhere Macht.*
Psychologie heute, Ausgabe vom März 2005

*Wenn Spiritualität ein Medikament wäre, wäre es längst
zugelassen, denn sie wirkt.*
Ellis Huber, Vorstand der Krankenkasse Securvita, von
1987 bis 1999 Präsident der Berliner Ärztekammer.

Sie halten ein Buch in der Hand mit dem Titel „Wieder
verliebt ins Leben". Haben Sie es in die Hand genommen,
weil der Titel Sie anspricht? Sind Sie irgendwie auf der Suche? Fühlen Sie sich umgetrieben, sehnen sich nach einem
anderen Horizont und wirklicher Ruhe? Oder sind Sie gar
erschöpft? Haben Sie jahrelang über Ihre Grenzen hinaus
gearbeitet? Haben Sie sich aufgerieben in dem Versuch, es

allen Menschen recht zu machen oder bestimmte Ziele auf jeden Fall zu erreichen? Oder interessiert Sie einfach das Gebiet der Spiritualität und Sie suchen in der Fülle der Literatur eine vernünftige und praktikable Anleitung? Haben Sie das Buch geschenkt bekommen und wissen gar nicht, wie Ihnen geschieht?

Aus welchen Gründen auch immer Sie dieses Buch in der Hand halten: Im Titel steckt etwas vom Geheimnis der Spiritualität und der Meditation. Wir sehnen uns nach Leben, aber können wir uns nicht überhaupt nur sehnen, weil wir bereits leben? Haben wir nicht schon, was wir suchen? Was wir suchen, ist schon da, es ist nur nicht bewusst. Wir sind meist mehr oder weniger blind dafür. Wir sind noch nicht aufgewacht, um zu sehen, was uns auf spirituellem Gebiet alles schon geschenkt ist.

Dieses Buch will Ihnen helfen, aufzuwachen und sich des spirituellen Schatzes bewusst zu werden. Es ist für religiös indifferente oder skeptische Leser geschrieben. Es setzt keine religiöse Einstellung voraus. Ihnen wird auch nichts Religiöses aufgedrängt. Dieses Buch soll Ihnen vielmehr ein Anreiz geben, wie Sie Ihren eigenen Weg finden können. Was Ihnen guttut, das ist der Maßstab. Das Heilsame in Ihnen selbst soll entdeckt und geweckt werden. Was Ihnen an Gedanken und Übungen in diesem Buch nicht guttut, lassen Sie getrost weg.

EIN SPIRITUELLES ERLEBNIS

Spüren Sie vielleicht, dass etwas in Ihnen sich verändern will? Nur wer sich verändert, bleibt sich treu, lautet eine alte psychologische Weisheit. Die Lösungen, die Sie für Ihre Aufgaben und Probleme vor 10 oder 20 Jahren gefunden haben, waren mit Sicherheit notwendig und hilfreich. Vielleicht sind einige dieser Lösungen auch jetzt noch genau richtig. Aber sicherlich sind andere Teile dieser Lösungen in der jetzigen Situation nicht mehr optimal. Die Lösungen von früher sind meist die Probleme von heute.

So kommt es häufig vor, dass jemand jahrzehntelang ausgeprägten Fleiß und große Leidensbereitschaft im Beruf aufbringt, um etwas Bestimmtes zu erreichen. Aber irgendwann, wenn das Ziel längst erreicht ist, werden genau diese Eigenschaften zum Hindernis auf dem Weg, Lebensqualität zu finden. Alle paar Jahre finden in unserer Lebenskonzeption und in unserem Lebensstil Veränderungen statt. Manchmal leiten wir sie bewusst ein, manchmal kommen sie von selbst.

Ich denke da an eine Patientin aus dem Krankenhaus. Sie war als Direktionsassistentin voll berufstätig. In ihrer Firma herrschte viel Stress und großer Konkurrenzdruck. Sie meinte möglichst alles perfekt im Griff haben zu müssen. Auch zu Hause war sie als Alleinerziehende zweier halbwüchsiger Kinder stark gefordert. „Immer sehen, dass du weiterkommst, Stillstand ist Rückschritt." „Man darf sich keine Schwäche leisten." – Das waren zwei Antreibersätze, die ihren Lebensstil umschreiben.

Nach einem Zusammenbruch aufgrund von Erschöpfung kam sie ins Krankenhaus. Dort war sie viele Tage sehr bedrückt. Aber eines Morgens war sie in anderer Stimmung. „Als ich heute Morgen aufwachte, war alles anders als sonst", sagte sie mir. „Ich konnte auf einmal die Vögel zwitschern hören und sah Sonnenstrahlen im Park, die ich wochenlang gar nicht bemerkt hatte. Meine Zimmernachbarin schnarchte noch. Aber mir kam das Schnarchen gar nicht störend vor, sondern rhythmisch wie Musik. Ich musste auf einmal an mein Lieblingslied denken. Ich summte es unhörbar vor mich hin. Ich weiß gar nicht, warum es heute so anders war als gestern und vorgestern."

Sie hatte wieder angefangen, das Leben wahrzunehmen. Sie war aus dem Sollen ins Sein zurückgekommen, aus dem Verpflichtungsdenken in die Wahrnehmung dessen, was hier und jetzt ist. Sie hatte Leichtigkeit für sich neu entdeckt und wusste gar nicht, woher sie kam. Im Rückblick stellte sie fest, dass sie sich an diesem Morgen wieder vom Leben selbst geliebt fühlte. Diese Veränderung war für die Frau nichts anderes als ein spirituelles Erlebnis.

Manchmal kommen ein solches spirituelles Erlebnis und die damit verbundene Leichtigkeit aus dem Wiederentdecken eines alten Liedes, manchmal aus der Ruhe, oder sie ist einfach Geschenk. Gläubige Menschen werden in einem solchen Erlebnis ein Geschenk Gottes sehen. Menschen, die solche spirituellen Erlebnisse kennen, kommen oft beneidenswert gut mit den vielen Problemen des Alltags zurecht.

Spirituelle Erlebnisse kann man jedoch nicht herbeizwingen, man kann nur offen für sie sein. Doch was ist Spiritualität eigentlich? Wie kann man für sie offen sein, wie macht man das? Beim Finden einer Antwort auf diese Fragen will dieses Buch helfen.

NICHT INTELLEKTUELL, SONDERN EXISTENZIELL

Wer von Spiritualität oder Religion spricht, steht oft ziemlich alleine da. Seine Gesprächspartner fühlen sich modern und aufgeklärt, weil sie gerade nicht spirituell oder religiös sind. Leider kranken viele dieser Gespräche daran, dass sie auf einer rein intellektuellen Ebene bleiben. Allenfalls wird abstrakt diskutiert, was an Spiritualität und Religion wahr und was falsch sein könnte. Nur ganz selten geht es darum, welchen Gewinn Menschen aus einer spirituellen Einstellung haben, warum sie spirituelle Übungen auf sich nehmen und was sie bewirken.

Dieses Buch will Sie nicht in eine intellektuelle Diskussion verwickeln, sondern Ihnen durch Erfahrung einen Zugang zu Spiritualität und Religion eröffnen. Die 40 Übungen öffnen Ihnen den Raum für eine neue Achtsamkeit und Wachheit. Es geht nicht um abstrakte Wahrheit, sondern um Ihre persönliche Wachheit und Achtsamkeit, um Ihre Lebensqualität.

Während meiner langjährigen Arbeit als Seelsorger in psychiatrischen Krankenhäusern habe ich unzählige Gespräche geführt über Angst und Lebenskrisen, über Einsamkeit und Verzweiflung, über Lebensfreude und Lebensqualität, über Abhängigkeit und Freiheit, über kritisches Denken und ganz naiven Kinderglauben. In all den Jahren habe ich immer häufiger beobachtet, dass Menschen ihre Lebenskrisen und Schicksalsschläge besser bewältigen können, wenn sie einen Bezug zu einer höheren Wirklichkeit haben. Natürlich sind die Vorstellungen über diese heilende transzendente Kraft sehr unterschiedlich. Manche finden buddhistische Begriffe dafür, für andere ist es schlicht der Heilige Geist. Spirituelle Vorstellungen kann und darf man niemandem aufdrängen. Ihre Wahrheit und Wirksamkeit leuchten der Seele entweder ein oder eben nicht.

HEILSAME ASPEKTE VON SPIRITUALITÄT UND RELIGION

Spiritualität ist ein Beitrag zu körperlicher und seelischer Gesundheit. Ihre positive Wirkung ist inzwischen wissenschaftlich bewiesen. Lange wurde das anders gesehen, Religion wurde sogar eher als gesundheitsschädlich eingeschätzt. Doch diese Sicht der Dinge ist überholt. Statistische Untersuchungen belegen, dass spirituell wache Menschen über eine bessere Lebensqualität verfügen, weniger oft krank werden und bessere Heilungschancen haben. Sogar ihre Lebenserwartung ist höher.

Der amerikanische Arzt Dale A. Matthews hat diesen Zusammenhang gründlich erforscht; zahlreiche Statistiken belegen das überzeugend. So wurde zum Beispiel in einer Studie an 91909 Personen in Washington der persönliche Glaube als Gesundheitsfaktor bestätigt. Erkrankung der Herzkranzgefäße kamen bei ihnen um 50% seltener vor, Leberzirrhose um 74%, Suizid um 53%. Eine ausführlichere Beschreibung dieses Zusammenhangs finden Sie im Abschnitt „Weiterführung" am Ende dieses Buches.

Wie kommt es zu dieser heilsamen Wirkung der Spiritualität? Diese Frage ist bisher keineswegs ausreichend erforscht. Eine Rolle könnten aber folgende Faktoren spielen:

– Spirituell wache Menschen scheinen mehr Gleichmut zu entwickeln und sich weniger leicht aufzuregen.
– Sie verstehen ihr Leben in der Regel als sinnvoll und neigen seltener zur Gleichgültigkeit gegenüber dem eigenen Leben.
– Sie halten sich eher von einem unmäßigen Lebensstil fern und begrenzen ihren Konsum von Suchtmitteln.
– Sie leben häufiger als Atheisten in tragenden Gemeinschaften.

Sicherlich wirken sich noch viele andere Faktoren aus. Und vielleicht stehen spirituell wache Menschen einfach der heilenden Kraft weniger im Wege.

KONSTRUKTIVISMUS

Die Wiederentdeckung von Spiritualität und Religiosität deckt sich durchaus mit neueren philosophisch-erkenntnistheoretischen Forschungen. Die moderne Philosophie des

Konstruktivismus hat den Realitätsbegriff der klassischen objektivierenden Naturwissenschaft hinter sich gelassen und damit den Blick geöffnet für andere Wirklichkeiten. Über eine objektive, unabhängig von der Wahrnehmung existierende Realität kann keine Aussage gemacht werden. Ja, wie die Quantenphysik nahelegt, gibt es gar keine objektive Realität. Wir selbst konstruieren die Wirklichkeiten, die wir dann als Realitäten erleben. Wir schaffen uns in unserem Denken eine stimmige Welt, die uns hilft, uns zu orientieren. Ob religiöse oder spirituelle Vorstellungen Realitäten sind, ist gar nicht überprüfbar. Überprüfbar ist allenfalls, ob sie für unser Leben hilfreich sind oder nicht. Das, was spirituell lebende Menschen glauben, ist auf jeden Fall „wirklich", denn es wirkt. Die entscheidende Frage lautet nicht, ob alles, was wir denken, wissenschaftlich beweisbar ist, sondern was es für unser Weltbild bedeutet. Immer mehr Menschen entdecken, dass ein spirituell-religiöses Weltbild, verbunden mit Rationalität und Freiheit, ihnen guttut.

DIE VIER WACHSTUMSBEREICHE SPIRITUELLER ENTWICKLUNG

In meiner seelsorglichen Arbeit in der Psychiatrie fing ich irgendwann an, Gedanken zu sammeln, die Menschen in ihren Sorgen und Problemen spirituell unterstützen. Als ich diese heilsamen Gedanken sortierte, entdeckte ich vier Wachstumsbereiche, die ich in der Entwicklung der Spiritualität für grundlegend halte.

Wahrnehmen

Erstens wurde mir wichtig, immer wieder neu in die Wahrnehmung zu kommen, also nicht ständig an Verpflichtungen zu denken, ans Sollen, sondern einfach da zu sein und wahrzunehmen, was hier und jetzt in mir und um mich herum ist. Das sagt sich einfacher, als es ist; es bewirkt eine tief gehende Änderung.

Loslassen

Dann merkte ich, dass es unglücklich macht, wenn man Dinge zu kontrollieren versucht, die man doch nicht ändern kann. Ich spürte die wunderbare Kraft des Loslassens, die in der spirituellen Bewegung grundlegend ist.

Vertrauen

Aber wie konnte ich loslassen? Und wohin ging das Losgelassene? In einen blinden Zufall hinein, in das schreckliche Reich eines sinnlosen Nichts? Ich spürte, dass es mir unendlich guttat, ein Bild einer höheren Macht, ein Bild Gottes, wie ich ihn verstand, zu finden, der für das sorgt, was ich selbst loslasse. Ich übte mich darin, dieser höheren Macht alles anzuvertrauen.

Lieben

Es trat mehr Stille ein in meinem Leben. Ich wurde ruhiger. Ich merkte, dass in dieser Stille eine andere zarte Kraft eine Chance bekam. Sie wuchs in mir, die Kraft der Liebe. Ein liebevoller Blick zu anderen Menschen, liebevolles Verständnis für Menschen, deren Verhalten ich nicht gut fand, aber auch Liebe zu mir selbst und zu den Anteilen in mir, die ich nicht mochte. Und nicht zuletzt Liebe zu der höheren Instanz, bei der ich so viel abgeladen hatte. In dieser Liebe spürte ich Heilung.

Besonders bei der Beschäftigung mit dem Vertrauen und der Liebe wurde mir eine Erkenntnis immer deutlicher: Was ich suche, habe ich schon, es ist mir schon geschenkt. Die höhere

Macht hat es mir schon längst gegeben. Ich muss nur wach werden, um es zu erfahren.

DIE VIER VERTIEFUNGEN

Dieses Buch behandelt das Thema des spirituellen Wachstums in vier Umkreisungen. Ich nenne sie Vertiefungen. In allen vier Umkreisungen kommen die vier Wachstumsbereiche Wahrnehmen, Loslassen, Vertrauen und Lieben vor, nur werden sie jedes Mal weitergeführt und vertieft.

Vor allem die Übungen der ersten Vertiefung „Anders denken und Freiräume schaffen" sind grundlegend: sich Zeiten der reinen Wahrnehmung zu nehmen, eine Übung des Loslassens auszuwählen, sich eine erste hilfreiche Vorstellung von der höheren Macht zu suchen und erste Schritte der Selbst- und Fremdliebe zu üben. Zu diesen Übungen kann man immer zurückkehren. Es ist gut, sie während der gesamten Beschäftigung mit diesem Buch weiterführen.

In der zweiten Vertiefung geht es mehr darum, aus verändertem Denken und Handeln eine veränderte Gewohnheit zu machen, die Ihnen so selbstverständlich wird wie Essen und Trinken.

In der dritten Vertiefung werden Sie in das Geheimnis eingeführt, dass Sie selbst sich die Wirklichkeit erschaffen, unter der Sie dann leiden oder über die Sie sich freuen. Eine Wirklichkeit ist dem Wortsinn nach etwas, was wirkt. Sie selbst schaffen sich die Wirklichkeit, die auf Sie wirkt.

Nach einer Zwischenbetrachtung über Wüstenzeiten geht es in der vierten Vertiefung zunächst um die Erfahrung von Dürre und Fruchtlosigkeit auch in der Meditation, dann wird Ihr Blick zu der Kammer der Ruhe gelenkt, die sich einer alten franziskanischen Vorstellung nach in Ihrer Seele befindet. Sie brauchen diesen Ort der Ruhe nicht herzustellen. Er ist schon da, er ist schon geschenkt, er muss nur gefunden werden. Mit ihm in Kontakt zu kommen bedeutet tiefe Lebensfreude und Dankbarkeit. Es ist wirklich ein Schatz, der da schlummert – ein Schatz, den Sie nicht einmal heben, sondern nur erkennen müssen. Wenn Sie aufgewacht sind und diesen Schatz kennen, werden Sie ihn immer wieder besuchen und Kraft daraus schöpfen.

DER PERSÖNLICHE WEG

In allen vier Vertiefungen kommt auch das Gottvertrauen vor. Nun ist manchen Leuten allein schon die Vorstellung von einem Gott unangenehm und sie möchten das Buch hier vielleicht am liebsten zuklappen. Das wäre schade.

Diese Anleitung setzt nicht voraus, dass Sie eine bestimmte Vorstellung von Gott haben. Es genügt fürs Erste, an eine Wirklichkeit zu denken, die größer ist als Sie selbst. Das kann sogar einfach eine Beziehung sein, in der Sie stehen. Wichtig ist nur, dass Sie eine Wirklichkeit anerkennen, die bedeutender ist als Sie selbst, und dass Sie sich diese Wirklichkeit liebevoll vorstellen können. Wenn Sie Schwierigkeiten mit dem Begriff „Gott" haben, lassen Sie es vorerst bei dem Begriff „höhere Macht" bewenden. Einige Übungen dieses Buches werden Ihnen später helfen, Ihre eigenen Vorstellungen von Gott zu reflektieren.

Als evangelischer Seelsorger in der Psychiatrie habe ich tiefen Respekt davor, dass jeder Mensch seinen eigenen spirituellen Weg sucht und findet. Nicht immer sind die Wege der Seele gradlinig und verständlich, manchmal sind sie verschlungen, manchmal irritierend. Manchem Menschen ist es selbst ein Rätsel, warum er so denkt und fühlt, wie er eben denkt und fühlt. Aber immer braucht die Seele die Freiheit, ihre eigenen Vorstellungen zu entwickeln. Spiritualität und

Glaube wirken am stärksten, wenn jemand seine eigenen religiösen Bilder findet, wenn also wirklich eine persönliche Glaubenswelt entsteht.

Die Seele jedes Menschen ist klug. Ihre Seele ist klug, manchmal und gewisser Hinsicht klüger als Sie selbst. Sie behält, was Sie als hilfreich und heilsam erleben, und vergisst, was Ihnen nicht wohltut. Ihre Seele sucht sich selbst aus, was sie zu ihrem inneren Wachstum und ihrer Heilung braucht.

Diese Einführung in die Spiritualität beschreibt eigentlich kein neues Programm. Das Programm, um das es hier geht, ist so alt wie die Menschheit oder mindestens so alt wie Buddhismus und christlicher Glaube. Es gerät nur immer wieder in Vergessenheit, vor allem in der heutigen Zeit, die uns dazu verführt, uns abzuhetzen und immer schneller zu leben, nur auf den zählbaren Erfolg zu sehen und so lange zu hasten und zu jagen, bis wir unglücklich und erschöpft sind.

ES GIBT VIELE TÜREN

Dieses Buch bietet eine Anleitung, eine Tür zu heilsamer Spiritualität. Dabei liegt der Akzent auf eine. Es liegt mir gänzlich fern zu behaupten, die hier vorgeschlagenen Zeiten der Ruhe und die in ihnen zu meditierenden Vorstellungen seien der einzige Zugang. Es gibt sehr unterschiedliche Vorstellungen von Spiritualität, sehr unterschiedliche Erfahrungen und entsprechend auch zahlreiche andere Anleitungen und Zugänge.

Für viele Menschen ist die regelmäßige Lektüre der Bibel oder die Teilnahme an Gottesdiensten der richtige Zugang zum spirituellen Erleben. Für andere ist es vielleicht das Singen in einem Gospelchor oder das Mittanzen bei einem religiös-meditativen Ausdruckstanz. Manche kommen durch die reine Beobachtung der Natur zu spirituellen Erlebnissen, andere durch Meditationszeiten in einem Kloster oder einem „Haus der Stille". Und wieder andere hören dazu die Werke Johann Sebastian Bachs mit geschlossenen Augen und per Kopfhörer. Ein Taucher, der mir im Krankenhaus begegnete, hat mir erzählt, dass er sich beim Tauchen Gott ganz nahe fühle. Ich kann das persönlich nicht nachfühlen, da ich nicht tauche, und es wird auch sicherlich nicht allen Tauchenden so gehen. Aber anhand dieser Erzählung wurde mir bewusst, dass der Zugang zu Gott so unterschiedlich ist wie die Menschen. Bisweilen steckt sogar hinter Drogenmissbrauch eine Sehnsucht nach Spiritualität.

ZUM UMGANG MIT DIESEM BUCH

Dieses Buch bietet eine Fülle von Gedanken und Anregungen dazu, sich selbst in einer Zeit des Umbruchs neu zu finden. Es hilft, sich heilsamen Kräften zu öffnen und dem Leben eine neue Ausrichtung zu geben. Der Kurs umfasst vierzig Übungen, die nacheinander gelesen und ausprobiert werden sollen.

Jede Übung besteht aus vier Schritten: Vier Icons zeigen Ihnen den Weg.

ICON ERLÄUTERUNG

Die Erläuterung – gekennzeichnet durch konzentrische Kreise – fasst zusammen, worum es in dem Impulstext der Übung geht. Sie umschreibt einfach noch einmal, was Ihnen nahegelegt wird, und dient dazu, Missverständnisse zu vermeiden.

ICON BEGRÜNDUNG

Die Begründung – gekennzeichnet durch den Stift – erklärt, warum die Impulse sinnvoll sind. Sie stellt tiefere Zusammenhänge her. Schließlich soll ja der Sinn der einzelnen Schritte möglichst evident werden.

ICON WAS GESCHEHEN KANN

Der dritte Schritt – gekennzeichnet durch die beiden Pfeile – zeigt, was geschehen kann, wenn sich jemand mit der jeweiligen Übung beschäftigt. Dabei sind mögliche positive Folgen im Blick, aber auch mögliche Gefahren.

ICON KLEINE GESCHICHTE

Der vierte Abschnitt – gekennzeichnet durch die Blüte – bietet eine kleine Geschichte, die im Zusammenhang mit dem Impuls steht. So wird der Kerngedanke noch einmal von einer anderen Seite aus beleuchtet oder der Horizont noch einmal erweitert.

Übereilen Sie nichts, gehen Sie stattdessen lieber langsam und mit Genuss vor. Sie sollten die nächste Übung erst beginnen, wenn Sie die vorhergehende in Ruhe ausprobiert und möglichst auch genossen haben. Auf keinen Fall sollten Sie mehr als eine Übung an einem Tag ausprobieren! Manche der Übungen werden Sie nur einen Tag lang bedenken, bei anderen werden Sie vielleicht mehrere Tage benötigen, um sich darauf einzulassen. Vermutlich wird Ihnen die Beschäftigung mit diesen Übungen mit der Zeit zu einem Bedürfnis werden. Mir ging es jedenfalls so. Ich entwickelte ein persönliches Ritual, eine Gewohnheit, eine kurze Zeit der Stille und der Meditation. Für mich war der Morgen die richtige Tageszeit für dieses meditative Ritual. Ich hatte dazu einen speziellen Sessel und ein Heft, in das ich einen positiven Gedanken schrieb.

Ich empfehle Ihnen, sich ebenfalls eine bestimmte Zeit und einen bestimmten Ort für die Beschäftigung mit diesem Buch zu suchen, eben Ihr persönliches Ritual daraus zu machen.

Die Beschäftigung mit den Übungen dieses Buchs führten dazu, dass ich mich mit der Zeit positiv veränderte. Die Umschreibung meines positiven Veränderungsprozesses bildet die Grundlage des zusammenfassenden Kapitels „Die zwölf Schritte spirituellen Reifens" (ab Seite 170). Sie sind eine auf das Thema des spirituellen Wachstums ausgelegte Weiterentwicklung der zwölf Schritte, die in vielen Selbsthilfegruppen Verwendung finden.

ERFAHRUNGEN MIT DIESER MEDITATIONSANLEITUNG

Die erste Ausgabe dieses Buchs ist 2007 unter dem Titel „Was du suchst, das hast du schon" im Kreuz Verlag erschienen. Zahlreiche Menschen, die einzeln oder in der Gruppe damit gearbeitet haben, haben mir von ihren Erfahrungen berichtet. Für die meisten waren die Gedanken dieses Buches und die tägliche Gewohnheit der Stille eine große Bereicherung ihres Lebens. Einige haben später andere meditative Texte für sich gefunden und genutzt. Aber es wurde Kritik geübt. Auf zwei störende Erfahrungen will ich hier kurz eingehen.

An einer Übung hängen bleiben
Manche Meditierende sind an einer der Übungen hängen geblieben, sie haben sie nicht wirklich „schaffen" können. Mit einigen Übungen kamen sie einfach nicht zurecht. Sie bissen sich regelrecht daran fest.

Nun ist es ja nicht weiter schlimm, nicht weiterzukommen. Man könnte den Betreffenden einfach empfehlen, zu übergehen, was ihnen zu sperrig ist oder ihnen nichts sagt. Meistens ist das auch richtig. Manchmal sind allerdings die Impulse, die eher störend erscheinen, von besonderer

Wichtigkeit. Wenn ich irgendwo hängen bleibe, und zwar nicht nur aus Trägheit, bin ich möglicherweise an einem persönlich bedeutsamen Punkt angelangt. Wo ich den Widerstand in mir spüre, bin ich womöglich besonders verwickelt und besonders befangen. Vielleicht lassen mich in einer solchen Situation Rat oder Hilfe von einer oder einem erfahrenen Meditierenden weiterkommen.

Deshalb halte ich es für richtig, persönlich schwierige Übungen nicht einfach zu übergehen, sondern sie vorerst liegen zu lassen, aber zu einem späteren Zeitpunkt bewusst noch einmal zu ihnen zurückzukehren. Was mir heute nicht einsichtig ist, verstehe ich vielleicht in einem halben Jahr und was mir heute unmöglich erscheint, mag nach einer gewissen Zeit ganz anders aussehen.

Erst Euphorie, dann Mühe
Mehrfach wurde von einer zweiten störenden Erfahrung berichtet: Eine anfängliche Begeisterung kann umschlagen in ein Gefühl der Last.

Fast jeder neue Weg und jedes neue Verhalten beginnen mit einer gewissen Euphorie. „Jedem Anfang wohnt ein Zauber inne", hat Hermann Hesse in seinem berühmten Gedicht formuliert. Das gilt auch für die Übungen in diesem Buch. Wer lange genug außengeleitet gelebt hat, sich nervlichem und seelischem Stress ausgesetzt und sich zerstreut hat, wird wahrscheinlich gerade am Anfang den Weg der spirituellen Stille sehr reizvoll finden. Das ist auch gut so.

Doch Euphorie hält nicht auf Dauer an. Früher oder später verfliegt der Zauber. Dann schleicht sich etwas wie dürrer Alltag in die spirituellen Rituale hinein, die täglichen Meditationen führen nicht mehr zu immer neuer Begeisterung, sondern werden als fruchtlos erlebt.

Eine Frau berichtete: „Ich habe jetzt seit drei Monaten jeden Tag eine Viertelstunde meditiert. Am Anfang fand ich das auch sehr bereichernd, aber jetzt wird es mir immer mühsamer. Das Sitzen in der Stille kommt mir zur Zeit langweilig vor. Ich bekomme meine Gedanken nicht mehr unter Kontrolle. Mir fällt es schwer, loszulassen. Bin ich verrückt, dass ich das alles nicht mehr genießen kann? Sollte ich lieber wieder das Frühstücksfernsehen anschalten?"

Was diese Frau schildert, ist wahrscheinlich eine Wüstenerfahrung, eine Art Zwischenzustand seelischer Dürre, die fast alle Meditierenden auf ihrem Weg erleben. Durch tägliche Meditation entwickelt sich der Mensch, wird reifer, erwachsener, achtsamer, bewusster oder wie immer man diese Entwicklung im Einzelnen beschreiben möchte. Dazu gehört auch, Wüstenzeiten durchzustehen, also Zeiten, in denen man sich trotz seiner Meditation nicht lebendig, vital oder beschwingt fühlt, Zeiten, in denen sich Gott, der Urquell des Lebens, zu verfinstern scheint.

Wer seine Meditationen als Mühe erlebt, redet sich sehr leicht ein, er sei zu nachlässig oder für diesen spirituellen Weg nicht geeignet. Weniger leicht, aber wahrscheinlich viel lohnender ist es, mit dem Gedanken umzugehen, dass die seelische Dürre auch Teil des spirituellen Weges sein kann. So haben es viele Mystiker beschrieben.

In der „Zwischenbetrachtung Wüstenzeiten" (ab Seite 114) wird auf diese Wüstenzeiten noch genauer eingegangen.

Anders denken und Freiräume schaffen

In den ersten zehn Übungen geht es um ein neues Verhalten, durch das Sie sich für das Spirituelle öffnen können. Für diese Öffnung braucht die Seele Freiraum, sie braucht Zeit. Sie hat keine Chance zur Besinnung, wenn sie dauernd unter Verpflichtungsdruck gehalten wird oder alles kontrollieren muss. Auch wenn die Seele voller Ablehnung und Ressentiment ist, wird sie sich nicht öffnen können. Dabei ist es gleichgültig, ob diese Ablehnung mehr dem eigenen Selbst als anderen Menschen gilt.

Die zehn grundlegenden Übungen werden in den anderen Vertiefungen weitergeführt. Bereits hier kommen alle vier Wachstumsbereiche vor; der Schwerpunkt liegt in dieser Vertiefungsebene bei der Wahrnehmung.

Zu diesen Übungen können Sie immer zurückkehren und neu anfangen. Zengeist ist Anfängergeist, in Fragen der Spiritualität und Meditation bleibt jeder Mensch sein ganzes Leben lang Anfänger, egal wie lange er übt oder wie er von anderen gesehen wird.

Möglichst unvoreingenommene Wahrnehmung ist grundlegend für jede spirituelle Entwicklung. Dies gilt auch für alle Formen der Meditation. Selbst geübte Meditierende, denen die Gedanken dieses Kurses vertraut sind, schöpfen Gewinn daraus, täglich immer wieder in die Wahrnehmung zu kommen. Dazu eine Geschichte aus dem Zen-Buddhismus:

> *Der Meister hob hervor, dass die Welt, wie sie die meisten Leute sehen, nicht die Welt der Wirklichkeit ist, sondern eine Welt, die ihr Kopf hervorgebracht hat.*
> *Als ein Schüler das infrage stellen wollte, nahm der Meister zwei Stöcke und legte sie in Form eines T auf den Boden. Dann fragte er den Schüler:*
> *„Was siehst du hier?"*
> *„Den Buchstaben T", antwortete er.*
> *„Genauso habe ich es mir vorgestellt", sagte der Meister.*
> *„Es gibt von sich aus keinen Buchstaben T; das T ist eine Bedeutung, die du ihm gibst. Was du vor dir siehst, sind zwei abgebrochene Äste in Form von Stöcken."*

Fast jeder Mensch hat hin und wieder unangenehme Gefühle. Er fühlt sich im Stress, er hat Angst, er ärgert sich. Er weiß vielleicht gar nicht, woher diese Gefühle kommen. Er weiß auch nicht, wohin damit. Womöglich ärgert er sich sogar darüber, dass er diese Gefühle überhaupt empfindet. Menschen, die häufig unter Angst leiden, sind beispielsweise meist gar nicht konkret bedroht, sondern von der Angst vor der Angst umgetrieben. Allein die Tatsache, dass sie einen Angstanfall bekommen könnten, bereitet ihnen Panik. Ein Angstanfall ist in der Tat äußerst unangenehm, aber keineswegs tödlich.

Manchmal löst eine kurze Wahrnehmung blitzartig ein Angstgefühl aus. Doch meistens sehen Menschen gar nicht genau hin. Sie bleiben nicht in der Wahrnehmung, sie lassen sich viel zu wenig Zeit für die Wahrnehmung. Stattdessen sind sie blitzschnell bei der Interpretation und dem darauf folgenden Gefühl.

Als Kind lag ich nachts in einem Zimmer der Wohnung meiner Großeltern wach. Von der Straße her fielen Lichtreflexe in das Zimmer, die sich mit den Vorhängen zu merkwürdig geformten Schatten verbanden. Ich sah Fratzen darin und bedrohliche Gestalten und fürchtete mich. Ich verfügte nicht über die Ruhe und Gelassenheit, die mir erlaubt hätten, die Schatten als Schatten wahrzunehmen. Ich war ein Kind und hätte das beruhigende Wort eines Erwachsenen gebraucht, der genauer hinschaut und anders interpretiert. Bildlich gesprochen hatte ich das T gesehen und blitzschnell darauf reagiert. Ich hatte mir gar keine Zeit genommen, die beiden Äste zu sehen. Genauer gesagt hatte ich das T gar nicht wahrgenommen, sondern es mir in meinem kindlichen Verstand konstruiert.

Erwachsene müssen sich selbst Interpretationen suchen, die ihre Ängste vermindern. In eine angstauslösende Situation zu gehen und wahrzunehmen, was geschieht, ist eine bewährte Therapie für Angstpatienten. Nach ein paar Minuten lässt die Angst nach und sie nehmen wahr, dass gar nichts Schlimmes passiert. Das Angstauslösende kann völlig anders interpretiert werden, als sie es vorher getan haben. Wenn ich also lange genug in der Wahrnehmung bleibe und nicht zu schnell eine Angstvorstellung konstruiere, werde ich zu befreienden Interpretationen kommen. Unsere Vorurteile sind es, die uns hektisch, ärgerlich, unruhig oder ängstlich machen. Wahrnehmung dagegen ist der erste Schritt zur Befreiung.

ÜBUNG 1

Ich nehme wiederholt fünf Minuten lang wahr,
was um mich herum ist, ohne etwas zu verändern.

ERLÄUTERUNG

Suchen Sie sich einen ruhigen Ort, setzen sich dort hin und nehmen Sie einfach wahr, was um sie herum ist.

Lassen Sie die Augen schweifen und schauen Sie sich die Umgebung an. Verändern Sie nichts, sondern nehmen Sie nur auf, was ist. Versuchen Sie auch nicht, alles, was Sie sehen, in Begriffe zu bringen oder sich alles zu merken, darauf kommt es jetzt gar nicht an. Sie müssen auch niemandem hinterher erzählen, was Sie wahrgenommen haben.

Hören Sie bewusst, was Sie an Geräuschen wahrnehmen. Vielleicht hören Sie Vogelstimmen, ein in der Ferne vorbeifahrendes Auto ... Nehmen Sie einfach wahr, was Sie hören.

Tun Sie das ungefähr fünf bis zehn Minuten lang.

Dies ist eine grundlegende Übung der Meditation. Viele Meditierende hören nie mit dieser Übung auf. Sie sollten sie auf jeden Fall mehrere Tage hintereinander durchführen, so lange, bis Sie spüren, dass Ihnen die tägliche ruhige Wahrnehmung guttut.

BEGRÜNDUNG

Viele Menschen nehmen nicht wirklich wahr, was um sie herum ist. Sie sind mit ihrem Herzen nur bei dem, was sie in der Zukunft tun wollen oder müssen. Sie planen ständig. Sie entspannen nicht, sie planen ihre Entspannung. Sie sitzen im Urlaub an einem schönen Strand und überlegen, ob ein Urlaub in den Bergen nicht besser gewesen wäre. Oder sie denken daran, wie sie nach dem Urlaub an einem bestimmten Projekt weiterarbeiten werden. Andere beschäftigen sich ständig mit der Vergangenheit. Sie überlegen andauernd, was sie in einer bestimmten Situation hätten besser machen können. Sie kränken sich selbst, weil sie etwas falsch gemacht haben oder nicht verhindern konnten, dass ihnen etwas verloren gegangen ist.

In jedem Fall sind sie nicht im Hier und Jetzt. Ihr ständiges gedankliches Kreisen ist jedoch letztlich unfruchtbar. Im Hier und Jetzt hingegen liegt Befreiung von solchen unfruchtbaren Gedankenmustern.

WAS GESCHEHEN KANN

Das Hineingehen in die Wahrnehmung ist der erste Schritt der Meditation. Es klingt sehr einfach, fällt aber manchen Menschen schwer. Möglicherweise spüren Sie im Versuch der stillen Wahrnehmung zunächst nur Ihre eigene Erschöpfung. Vielleicht sind Ihre Gedanken bei dieser Übung tagelang nur von Pflichten und von Müdigkeit gefesselt. Dann kann es guttun, sich vor solchen Übungen einen täglichen Spaziergang zur Gewohnheit zu machen. Vielleicht sind Sie noch gar nicht bereit zu dieser grundlegenden Wahrnehmung in der Stille und brauchen vorher noch Bewegung.

Manche Menschen befällt ein unbehagliches Gefühl, wenn sie einfach da sind. Sie fühlen sich nur wohl, wenn sie etwas zu tun haben oder wenigstens von außen her abgelenkt werden. Wenn Sie ein unbehagliches Gefühl bekommen, dann ist das nicht weiter tragisch. Nehmen Sie auch das unbehagliche Gefühl wahr. Es wird mit der Zeit verschwinden. Entscheidend ist nicht, was um Sie herum geschieht. Entscheidend ist, was Sie mit sich machen. Sie kommen mit

dieser Übung aus der Selbstvergessenheit heraus in eine bewusste Aufmerksamkeit. Diese Aufmerksamkeit nennt man
in der Meditation Achtsamkeit.

KLEINE GESCHICHTE

Einer meiner Bekannten ist in Meditation sehr erfahren. Er
macht diese Übung immer wieder, auch noch nach Jahren. Er
benötigt dazu keinen ruhigen Raum mehr, sondern kann sich
an eine belebte Straße setzen, inmitten des Verkehrslärms
und einfach in seine Wahrnehmung gehen. Er ist dann einfach da, ohne Planen, ohne Sollen, ohne einen ängstlichen
Blick auf das, was andere meinen könnten. Und er kommt
dort inmitten von Hektik und Stress zur Ruhe.

ÜBUNG 2

*Ich nehme wiederholt fünf Minuten lang die
Signale meines Körpers wahr, insbesondere den Atem.
Ich verändere nichts.*

ERLÄUTERUNG

Diese Übung schließt sich an die erste Übung an. Statt der
Außenwahrnehmung tritt jetzt die Wahrnehmung des eigenen Körpers stärker in den Vordergrund. Setzen Sie sich
an einen ruhigen Ort und nehmen Sie einfach fünf Minuten
lang wahr, was ist.

Spüren Sie dabei besonders den eigenen Körper. Welches
Gefühl haben Sie auf der Haut? Wie fühlt sich Ihre Stirn an?

Welche Stellen des Körpers bereiten Ihnen Druck, welche sind gar nicht zu spüren?

Sie können Ihren Körper auch langsam Stück für Stück innerlich betrachten und sich die Empfindungen des jeweiligen Körperteils bewusst machen.

Eine besondere Rolle spielt die bewusste Wahrnehmung des Atems. Während man bei der Wahrnehmung des Körpers noch leichter abgelenkt werden kann, ist man bei der Beobachtung des Atems ganz in der Gegenwart. Spüren Sie, wie der Atem ein- und ausgeht! Atmen Sie nicht tiefer als sonst! Verändern Sie nichts, sondern nehmen einfach nur wahr, wie der Atem ein- und ausströmt.

Sie sollten diese Übung der Körperwahrnehmung mehrere Tage hintereinander durchführen, so lange, bis Ihnen die fünf Minuten tägliche Körperwahrnehmung wichtig werden. Auch danach ist es wichtig, immer wieder zu dieser Übung zurückzukehren, um in den Kontakt mit der Gegenwart zu kommen.

BEGRÜNDUNG

Die Signale des Köpers wahrzunehmen ist Voraussetzung, um bei sich selbst zu sein, denn der Körper spiegelt unsere seelische Befindlichkeit wider. In unserer Gesellschaft werden wir normalerweise nicht dazu angehalten, unseren Körper wahrzunehmen. Allenfalls werden wir dazu verleitet, den eigenen Körper mit dem anderer Menschen zu vergleichen. Wir werden verleitet, zu funktionieren. Männer sind möglicherweise von der Körperwahrnehmung weiter entfernt als Frauen. Wenn jemand seinen Körper nicht wahrnimmt, bringt er sich um eine große Quelle von Lebensweisheit und Energie. Der Körper gibt Ihnen sehr wertvolle Signale.

Fällt Ihnen diese Körperwahrnehmung eher leicht oder eher schwer? Es kann gut sein, dass Sie durch Eindrücke aus Ihrer Umgebung abgelenkt werden. Ihre Wahrnehmung wird dann zwischen der Innenwahrnehmung und der Außenwahrnehmung schwanken. Das ist völlig in Ordnung so. Lassen Sie nur die äußere Umgebung immer wieder los und kehren Sie in die Wahrnehmung Ihres Körpers zurück.

Möglicherweise bekommen Sie unangenehme Körpergefühle. Vielleicht bemerken Sie eine Verspannung in Ihrem Körper. Auch das ist kein Drama. Die Verspannung kommt nicht durch die Wahrnehmung, sondern war schon vorher da. Wenn die Verspannung daher rührt, dass Sie gerade eine unangenehme Körperhaltung einnehmen, dann korrigieren Sie Ihre Sitzposition so lange, bis sie bequem ist. Vielleicht ist aber die Verspannung schon chronisch. Womöglich bemerken Sie normalerweise gar nicht, wie verspannt Sie sind. Nun wird es Ihnen bewusst. Auch wenn es jetzt erst einmal wehtut, trägt das auf jeden Fall zur Linderung der Verspannung bei. In krassen Fällen kann es sinnvoll sein, dass Sie sich physiotherapeutische Hilfe suchen, um Ihre Verspannung zu lindern.

Was ist mit Ihrer Erschöpfung? Sind Sie schon bereit, diese grundlegenden Übungen der stillen Wahrnehmung auf sich zu nehmen, oder brauchen Sie noch einfache beruhigende Spaziergänge und genügend Schlaf, um dann später noch einmal zu diesen Meditationsübungen zurückzukehren?

KLEINE GESCHICHTE

Eine Frau bekam in ihrer Firma eine neue Aufgabe und wechselte die Abteilung. Sie trat die neue Aufgabe voller Begeisterung an und es schien auch alles gut zu sein. Alle waren freundlich zu ihr, ihr war nur Positives bewusst. Aber auf einmal bekam sie Gallenkoliken. Damit hatte sie in ihrem ganzen Leben noch nicht zu tun gehabt. Ihre Körperbeschwerden signalisierten ihr, dass etwas nicht stimmte, dass sich hinter der vordergründigen Freundlichkeit mancher Kolleginnen noch etwas anders verbarg, eine sich anbahnende Intrige, ein Lauern auf ihren ersten Fehler.

Auch das Positive drückt sich oft in unserem Körpergefühl aus, bevor es uns richtig bewusst wird. Von den Jüngern Jesu wird erzählt, dass sie nach dem schrecklichen Tod Jesu am Kreuz betrübt von Jerusalem nach Emmaus gingen. Unterwegs stieß ein Fremder zu ihnen. Sie wussten nicht, wer da mit ihnen ging, aber ihr Herz hüpfte, es signalisierte ihnen Aufregung und Freude. Die Freude war berechtigt, auch wenn der Grund dafür noch unbewusst war. Später wurde ihnen bewusst, dass Jesus in anderer Gestalt bei ihnen gewesen war (Lukas 24,13-35).

ÜBUNG 3

Ich lerne, auch unangenehme Wahrnehmungen
an mich heranzulassen.

ERLÄUTERUNG

Wenn Sie sich täglich einige Minuten Zeit für eine Wahrnehmungsübung nehmen und dabei keine unangenehmen Erfahrungen machen, dann haben Sie es gut. Dann ist diese Übung für Sie nur ein Hinweis, nicht zu schnell aufzugeben, wenn es einmal anders kommt. Aber vielleicht haben Sie auch schon unangenehme Erfahrungen gemacht, etwa lästige oder störende Körperwahrnehmungen, leichte Schmerzen oder ein Druckgefühl im Bauch, ein Jucken oder eine triefende Nase. Womöglich nehmen Sie auch etwas in der Außenwelt wahr, was Ihnen unangenehm ist, zu lauter Straßenverkehr etwa oder die achtlos hingeworfenen Kleidungsstücke, unter denen Sie noch Ordnung machen möchten. Versuchen Sie, auch bei solchen unangenehmen Wahrnehmungen nicht sofort ins Handeln überzugehen, es sei denn, Sie haben Schmerzen, die sofortige Abhilfe benötigen. Versuchen Sie, auch in der unangenehmen Wahrnehmung zu bleiben. Schauen Sie, ob das Körpergefühl oder Ihre Außenwahrnehmung sich verändert, wenn Sie in der Wahrnehmung bleiben.

BEGRÜNDUNG

Manche Wahrnehmungen sind nur unangenehm, weil man sie nicht haben möchte. Es kostet viel Energie, sie dauernd wegzudrängen. Eine triefende Nase und heftiger Niesreiz werden schlimmer, wenn ich sie unbedingt unterdrücken will. Sie werden erträglicher, wenn ich sie als meinen augenblicklichen Zustand zulasse und akzeptiere. Ein Gefühl, das wahrgenommen und akzeptiert wird, hat die Tendenz, sich zu beruhigen, ein Gefühl, das ständig bekämpft wird, wird umso heftiger.

WAS GESCHEHEN KANN

Oft lösen sich unangenehme Wahrnehmungen auf, wenn man sie nur zulässt. Wenn jemand beispielsweise Angst hat, vor einer Gruppe von Menschen zu reden, hört diese Wahrnehmung der eigenen Angst auf, sobald er die ersten Worte an die anderen gerichtet hat. Oder jemand leidet an einem verspannten Rücken, aber er nimmt den Schmerz wahr und richtet sich vielleicht ein wenig auf. In der Wahrnehmung der Verspannung geht es ihm mit dem Rücken schon wieder ein bisschen besser.

KLEINE GESCHICHTE

„Wenn ich nicht mehr Klavier spielen kann", sagte die an Parkinson erkrankte Pianistin, „dann will ich nicht mehr leben."

Einige Jahre später konnten ihre Hände schon längst nicht mehr die Klaviertasten anschlagen wie früher. Da sagte sie: „Wenn ich nicht mehr ohne Hilfe gehen kann, dann will ich nicht mehr leben."

„Wenn ich nicht mehr allein auf die Toilette kann", sagte sie und hielt sich an ihrem Rollstuhl fest, „dann will ich nicht mehr leben."

„Wenn ich allein bin und mich tagelang keiner besuchen kommt, dann ist wirklich Schluss. Dann will ich nicht mehr leben", sagte sie einige Zeit später.

Noch später sah man sie allein in ihrem Bett liegen und hörte, wie sie summte. Man konnte die Melodie aus den gesummten Resten nicht mehr erkennen. Aber sie selbst wusste anscheinend noch, welches Lied in ihrem Gehirn erklang.

ÜBUNG 4

*Ich lasse bei meinem täglichen Wahrnehmungsritual
störende Gedanken, die sich mir aufdrängen,
einfach vorüberziehen.*

ERLÄUTERUNG

Dies ist ein erster Schritt in Richtung Loslassen. Auch wenn
jemand in der Wahrnehmung ist, werden ihm natürlich immer
wieder ablenkende Gedanken kommen. Das kann gar nicht
anders sein, denn unser Gehirn ist ständig aktiv. Den Meditierenden fällt vielleicht ein, was sie noch tun müssten, was
sie noch einkaufen müssten, wen sie noch anrufen wollten
und vieles mehr. Solche Gedanken können einen Menschen
aus der Wahrnehmung herausholen und in innere Unruhe
versetzen. Wenn mir während meines Meditationsrituals
solche Gedanken kommen, nehme ich sie zur Kenntnis und
lasse sie los. Was wirklich wichtig ist, das kommt garantiert
wieder und ich brauche mich jetzt nicht darum zu kümmern.
Ich stelle mir meine Gedanken wie ein Papierschiffchen vor,
das ich auf einen Bach setze und mit dem Wasser wegtreiben
lasse. Oder ich sehe meine Gedanken an wie die Wolken am
Himmel und lasse sie vorüberziehen.

BEGRÜNDUNG

Menschen, die viele Verpflichtungen haben und trotzdem
ruhig sind und nicht sonderlich anfällig für Stress, haben etwas Wichtiges gelernt: Sie tun für eine Verpflichtung, was sie
im Augenblick dafür tun können, und lassen sie dann los.

Nehmen wir einmal an, dass jemand in der nächsten
Woche ein schwieriges Meeting zu leiten hat. Er überlegt:

Was kann ich jetzt dafür tun? Was muss ich jetzt auf den Weg bringen, welche Informationen jetzt anfordern, wessen Mithilfe jetzt erbitten? Dann lässt er los, das heißt: Mit der punktgenauen Vorbereitung beschäftigt er sich jetzt nicht, sondern wartet ab, bis die richtige Zeit dafür gekommen ist.

Umgekehrt bedeutet das: Wenn jemand besonders stressanfällig ist, dann vielleicht deshalb, weil er in Gedanken schwierige Situationen vorwegnimmt, die jetzt noch gar nicht aktuell sind. Für Menschen, die zu Stress neigen, ist es wichtig, bei anstehenden schwierigen Aufgaben immer wieder bewusst in eine Wahrnehmungszeit zu gehen und dort für wenigstens fünf Minuten zu verweilen.

WAS GESCHEHEN KANN

In Stresssituationen kann es sehr leicht geschehen, dass Sie ihre tägliche Meditation vergessen, mit der Sie den Weg zur eigenen Spiritualität begonnen haben. Dabei brauchen Sie sie gerade in einer solchen Situation am meisten. Die Wahrnehmungsübungen sind die Basis Ihres Weges. Wenn Ihr spiritueller Weg Ihnen wirklich nutzen soll, dann muss er sich gerade in Ihrem Umgang mit dem Stress bewähren. Also lassen Sie sich nicht durch andere Verpflichtungen von Ihren fünf Minuten zweckfreier Wahrnehmung abbringen.

KLEINE GESCHICHTE

„Heute habe ich viel zu tun, darum muss ich heute viel beten", hat Martin Luther einmal gesagt. Er meint damit nicht eine zusätzliche Belastung, sondern einen bewussten minutenlangen Rückzug von den vielen Verpflichtungen mit dem Ziel, die notwendige innere Distanz zu wahren.

„Wenn ich einen Anfall von Arbeitswut habe, dann setze ich mich ganz still in die Ecke und warte ab, bis der Anfall vorüber ist", lautet ein witziger Spruch, den ich an einem Schwarzen Brett in einem Büro gefunden habe. Der Spruch ist aber nicht nur witzig, er ist durchaus ernstzunehmen. Es steckt tiefe Lebensweisheit darin. In Arbeitswut agiere ich vielleicht nur noch und tue womöglich unüberlegt das Falsche. In Ruhe handle ich überlegt. Arbeitswut tut meiner Arbeit nicht gut, und mir selbst tut sie erst recht nicht gut.

ÜBUNG 5

Ich nehme wahr, wie sehr ich versuche, alles um mich herum zu kontrollieren und so die Wahrnehmung zu verlassen.

ERLÄUTERUNG
Wahrscheinlich haben Sie gelernt, sich während Ihrer Übungen wenigstens für einige Minuten ohne Zensur der Wahrnehmung zu überlassen. Und wahrscheinlich ist Ihnen auch bewusst geworden, dass es einen Persönlichkeitsanteil bei Ihnen gibt, der selbst diesen Bereich zu kontrollieren versucht. Vielleicht spüren Sie den Impuls, sich alles Wahrgenommene zu merken oder es begrifflich einzusortieren. Tatsächlich verwenden die meisten Menschen viel Energie auf die Kontrolle ihrer Wahrnehmungen, auch wenn das häufig nicht gelingen kann. Denken Sie einmal über Ihre täglichen Gewohnheiten nach. Gibt es etwas, auf dessen Kontrolle Sie ein großes Maß von Energie verwenden? Und ist diese Energie notwendig?

Versuchen Sie manchmal etwas zu kontrollieren, was Sie nicht kontrollieren können, zum Beispiel die Meinung Ihrer Mitmenschen über Sie?

BEGRÜNDUNG

Kontrolle macht nicht nur den Kontrollierten, sondern auch den Kontrollierenden unfrei. Menschliche Beziehungen etwa lassen sich nicht kontrollieren. Wenn Sie überprüfen wollen, wohin Ihr Partner oder Ihre Partnerin geht, werden Sie beide angekettet. Möglicherweise rettet gerade das Aufgeben der Kontrolle eine gefährdete Partnerschaft.

Manche Menschen kontrollieren mehrfach, ob alle Türen verschlossen sind, bevor sie das Haus verlassen. Paradoxerweise führt das manchmal dazu, dass sie bei ihrem Kontrollgang eine bereits abgeschlossene Tür wieder öffnen und so die zu vermeidende Gefahr wieder heraufbeschwören.

Das Altern gehört zu den Dingen, die sich grundsätzlich nicht kontrollieren lassen. Dennoch bekämpfen viele Menschen jedes Fältchen und werden dennoch nur unglücklich. Auch die Entwicklung seiner Kinder kann man ab einem bestimmten Alter nicht mehr kontrollieren und zerstört viel, wenn man es trotzdem versucht.

WAS GESCHEHEN KANN

Wenn Sie sich bewusst machen, wie sehr Sie alles unter Kontrolle halten wollen, stellen Sie womöglich staunend fest, dass Sie viel stärker in Kontrollzwängen verhaftet sind, als Sie glauben, und zwar häufig auch dort, wo es nicht wirklich notwendig ist. Wenn Sie sich selbst als einen ängstlich-kontrollierenden Menschen erfahren, dann akzeptieren Sie sich zunächst mit dieser Eigenschaft. Es wird in Ihrem Leben einmal wichtig und sinnvoll gewesen sein, eine solche Genauigkeit zu entwickeln. Sie ist menschlich und ganz normal. Reifer werden und spirituell wachsen bedeutet aber, die Ängstlichkeit zu überwinden, wo sie nicht mehr nötig ist.

KLEINE GESCHICHTE

Kennen Sie die Geschichte von der ungeduldigen Frau? Sie hatte einen Sonnenblumensamen geschenkt bekommen, ihn ordentlich in einen Blumentopf gesetzt und sorgfältig gegossen. Doch dann wühlte sie alle zwei, drei Tage die Erde in dem Blumentopf auf, um nachzusehen, ob denn ihr Samenkorn schon gekeimt hatte. Natürlich erlebte sie eine Enttäuschung. Ganz anders ein Bauer in einem Gleichnis Jesu. Er bereitet den Boden, sät sein Korn, gießt und dann legt er sich voller Gottvertrauen zur Ruhe. Und von ganz allein wächst die Saat, kommt eine Pflanze zum Vorschein, eine Weizenähre, die vielfältige Frucht bringt (Markus 4,1-9).

ÜBUNG 6

In Wahrheit kann ich den Fluss des Lebens nicht kontrollieren.

ERLÄUTERUNG

Erstellen Sie heute gedanklich eine Liste von Bereichen, die für Sie wichtig sind und die Sie nicht kontrollieren können, zum Beispiel die Liebe Ihres Partners, die Freundschaften Ihrer Kinder, das Gerede Ihrer Nachbarn über Sie oder auch die Krankheit eines Familienangehörigen. Die Liste sollte nicht weniger als fünf und nicht mehr als zehn Punkte aufweisen. Auf diese Weise wird Ihnen wahrscheinlich klar, mit wie viel Unkontrollierbarem Sie konfrontiert werden.

BEGRÜNDUNG

Kontrollversuche haben viel mit Angst zu tun. Ich kannte einen jungen Mann, der sich hundertmal am Tag den Blutdruck maß. Er hatte ständig Angst, dass mit seinem Herzen etwas nicht stimmen könnte. Alle Versicherungen der Ärzte, dass alles in Ordnung sei, konnten ihn nicht vom Gegenteil überzeugen. Es war für ihn ein langer und sehr mühsamer Weg, die Kontrolle einzuschränken und dem Fluss des Lebens zu vertrauen. Durch die Reduzierung seiner Kontrollversuche lernte er erst wieder zu leben, vorher war es nur ein Ausagieren von Ängsten. Wer kann schon den Fluss seines Lebens kontrollieren? Durch all eure Mühe könnte ihr eurem Leben keine Spanne Zeit hinzufügen, sagt Jesus einmal (Matthäus 6,27). Und im Wesentlichen stimmt das bis heute.

WAS GESCHEHEN KANN

Manche Menschen entwickeln großen Widerstand dagegen, sich die Unkontrollierbarkeit wichtiger Lebensbereiche einzugestehen. Geht es Ihnen auch so? Bekommen Sie es mit der Angst zu tun und möchten deswegen über diese Thematik gar nicht weiter nachdenken? Natürlich sollen Sie im Sinne dieses Kurses nichts tun oder lassen, wozu Sie innerlich nicht bereit sind. Aber vielleicht ist es gut, über aufkommende Ängste mit einem Menschen Ihres Vertrauens zu reden.

KLEINE GESCHICHTE

Menschen kann man nicht perfekt kontrollieren. Auch der am besten ausgestattete Geheimdienst mit den größten Befugnissen und einem ausgeklügelten System der Angstverbreitung kann Menschen nicht völlig kontrollieren. Wäre es anders, würden Diktaturen nie abgelöst, sondern könnten sich ewig halten.

Es gibt eine Parallele in der Physik. Der Zerfallprozess von Elementarteilchen kann nicht perfekt kontrolliert werden, wie ich mir habe sagen lassen. Man kann zwar vorhersagen, dass in einer bestimmten Zeit die Hälfte aller Teilchen zerfallen sein wird, aber nicht, welche. So kennt selbst die Physik das Unvorhersehbare.

ÜBUNG 7

Ich stelle mir vor, dass ich mich vertrauensvoll in die Hand einer höheren Macht fallen lasse.

ERLÄUTERUNG

Dies ist die erste Übung, die sich mit dem Wachstumsbereich des Vertrauens oder auch Gottvertrauens beschäftigt. Ihre Wahrnehmungs- und Loslassübungen werden leichter werden, wenn Sie gleichzeitig ein Gefühl von Vertrauen entwickeln.

Stellen Sie sich vor, dass Sie von einer höheren Wirklichkeit aufgefangen werden, wenn Sie sich fallen lassen. Sie schließen die Augen, Sie spüren Ihren Körper, Sie stellen sich vor, wie Sie in einen Sessel, eine Hängematte oder eine Polsterlandschaft sinken. Sie werden wunderbar weich aufgefangen. Und stellen Sie sich genauso vor, dass das Leben selbst

Sie mit aller positiven Energie auffängt. Das Leben trägt Sie. Oder wenn Sie eine Vorstellung von Gott haben: Gott hält schützend seine Hand offen, bereit, Sie aufzufangen.

BEGRÜNDUNG

Vielleicht erinnern Sie sich an ein Spiel, das Ihre Eltern in Ihrer Kindheit mit Ihnen gespielt haben: „Wer kommt in meine Arme?", rief der Vater und Sie als Kind konnten sich in seine Arme fallen lassen und waren dort sicher geschützt. Vielleicht haben Sie es mit Ihren eigenen Kindern ähnlich gemacht. Vertrauen zu lernen ist für das Leben sehr wichtig. Menschen, deren Vertrauen in der Kindheit zerbrochen worden ist, verhalten sich noch als Erwachsene überkontrollierend, ängstlich, vielleicht selbstzerstörerisch und meist auch für die Mitmenschen unangenehm.

WAS GESCHEHEN KANN

Viele Menschen wagen nicht zu vertrauen. Allerdings wird das Leben umso anstrengender und schwieriger, je weniger ich vertraue. Vielleicht können Sie wenigstens in der Fantasie vertrauen. Zu den Wahrnehmungsübungen und den ersten Übungen im Loslassen gehört, sich ein Bild einer vertrauenswürdigen Umgebung vorzustellen.

Vielleicht benötigen Sie ein anderes Bild als die offene Hand oder die vertrauenswürdigen Arme. Entwickeln Sie eine andere Vorstellung, die Vorstellung einer Burg etwa, in die Sie sich zurückziehen können, oder die Vorstellung eines Kinderfestes, wo Sie ganz gelöst einfach mitfeiern können, ohne Angst, ohne Verpflichtung. Vielleicht entspricht Ihnen das Bild einer Decke, in die Sie sich wickeln können, oder das Bild einer bergenden Höhle. Finden Sie Ihr eigenes Bild, das Ihnen persönlich am besten guttut!

Hier ist zum ersten Mal von der höheren Macht beziehungsweise von Gott die Rede. Setzen Sie die Vorstellung ein, die Ihnen nahe liegt. Wenn Sie eine positive Vorstellung von Gott haben, wird dieses Übung für Sie kein Problem sein. Wenn Ihnen der Gedanke an Gott eher fremd oder verleidet ist, denken Sie an eine andere höhere Macht: an eine Gruppe von Menschen, zu der sie gehören, oder an die Kraft des Lebens selbst. Sie werden das für Sie Richtige finden. Ihre Vorstellung von Gott wird in anderen Übungen noch reflektiert und vertieft.

KLEINE GESCHICHTE

Eine Frau war in der Gondel einer Seilbahn eingesperrt. Das Seil war aus seiner Führung gesprungen, nichts bewegte sich mehr, weder vorwärts und rückwärts. In der steilen Hanglange ließ sich auch nicht einfach ein Kran errichten, um die Frau aus der Kabine zu bergen. Es wurde dunkel, sodass zunächst weiter nichts getan werden konnte. Am nächsten Morgen schließlich konnte sie mithilfe eines Hubschraubers aus der Gondel befreit werden.

„Wie haben Sie diese Nacht bloß ausgehalten", wurde sie gefragt. „Immer mit der Bedrohung, dass die Kabine in den Abgrund stürzen könnte. Und dazu völlig allein."

„Ich war nicht allein", sagte die Frau. „Ich habe mich die ganze Nacht über mein Leben unterhalten und konnte dann sogar ein wenig zusammengekrümmt auf dem Boden liegen und schlafen".

„Die ganze Nacht haben Sie sich unterhalten? Mit wem?"

„Mit der Schöpferin meines Lebens", antwortete sie.

ÜBUNG 8

Ich suche mir für meinen inneren Dialog Sätze,
die meine Selbstachtung fördern.

ERLÄUTERUNG

Dies ist eine erste grundlegende Übung zur Selbstannahme.
Sie gehört in den Wachstumsbereich des Liebens. Wer anfängt zu meditieren, Zeiten der Wahrnehmung einhält und
die Ablenkungen loslässt, wird unweigerlich mit seinem inneren Dialog konfrontiert. Wie denke ich über mich selbst?
In jedem Moment hören wir Meinungen und Stimmen, mit
denen unser Gehirn uns selbst und unsere Taten kommen-
tiert. Leider zeugen diese inneren Stimmen oft von wenig
Selbstachtung, manchmal sind sie ausgesprochen kränkend.
„Du kannst nichts und bringst nichts", heißt es vielleicht.
„Du bist hässlich, keiner mag dich."

Positive Stimmen im inneren Dialog sind dagegen bei den
meisten Menschen eher selten. Darum ist es an dieser Stelle
wichtig, sich mit diesem Selbstbild zu beschäftigen und eine
Übung in Selbstakzeptanz einzufügen.

Machen Sie sich einmal die Mühe aufzuschreiben, welche
inneren Stimmen Sie hören und wie Sie selbst Ihr Tun kom-
mentieren.

Wenn es negative Stimmen sind, dann wandeln Sie sie
um. Sagen Sie sich positive, liebevolle Dinge, zum Beispiel:
„Du kannst viel und kommst mit dem Leben zurecht." „Du
siehst gut aus und bist bei vielen Menschen beliebt." Schreiben Sie sich die neuen Kommentare für den inneren Dialog
auf Kärtchen und wiederholen Sie sie immer wieder, bis die
neue Denkweise Ihnen in Fleisch und Blut übergeht.

Der innere Dialog bestimmt unser Erleben der Wirklichkeit, nicht die bloße Wahrnehmung. Durch unseren inneren Dialog fühlen wir uns akzeptiert oder nicht, freuen wir uns am Leben oder nicht. Als Kind haben wir vielleicht negative Wertungen unserer Eltern oder Geschwister übernommen. Wir konnten nicht anders, als sie zur Wertung unseres Selbst zu machen. Oder wir haben am ablehnenden Verhalten der Eltern gelernt, dass wir Negatives verdient haben. Durch lieblosen Umgang mit uns selbst schädigen wir uns selbst ständig. Und wir verlieren auch ein Stück unserer Liebesfähigkeit anderen Menschen gegenüber. Doch jetzt sind Sie kein Kind mehr und es kommt darauf an, anders über sich selbst zu denken.

WAS GESCHEHEN KANN

Wenn Sie negative Sätze umwandeln, erscheinen Ihnen die positiven Aussagen in ihrer Absolutheit womöglich unglaubwürdig.

Wenn Sie beispielsweise den Satz „Ich bin das hässlichste Entlein auf der Welt" umwandeln in: „Ich bin die schönste Prinzessin", werden Sie sich selbst wahrscheinlich nicht glauben.

Vermeiden Sie daher Superlative. Wählen Sie begrenzt positive Aussagen und fügen hinzu: „Und ich mag mich." „Mein Gesicht hat etwas Hübsches, und ich mag mich." „Ich bringe einiges zuwege, und ich mag mich." „Ich habe mich gesundheitlich gut gehalten, und ich mag mich."

KLEINE GESCHICHTE

Von wertschätzenden Sätzen und Symbolen können wir leben. Sie sind genauso wichtig wie das tägliche Brot. Dazu gibt es eine wunderschöne Geschichte von Rainer Maria Rilke: Gemeinsam mit einer jungen Französin kam er um die Mittagszeit an einem Platz vorbei, an dem eine Bettlerin saß und um Geld bat. Sie hielt sich immer am gleichen Ort auf und nahm die Almosen entgegen, ohne auch nur einen Blick auf die Geber zu verschwenden. Rilke ging stets an der Frau vorüber, während seine Begleiterin ihr öfter Geld gab. Als die Französin eines Tages fragte, warum Rilke der Frau nie etwas gebe, erhielt sie zur Antwort, dass man ihrem Herzen und nicht ihrer Hand etwas schenken solle.

Einige Tage darauf brachte Rilke der Bettlerin eine schöne, frisch erblühte Rose und legte sie in die um Almosen bittende Hand.

Da geschah etwas Unerwartetes: Die Bettlerin blickte zu dem Geber auf, erhob sich mühsam vom Boden und ging mit der Rose davon.

Eine Woche war die Bettlerin nicht mehr zu sehen. Dann saß sie wieder wie zuvor an ihrem gewohnten Platz und wandte sich weder mit einem Blick noch mit einem Wort an ihre Geber. Auf die Frage der Französin, wovon die Frau während der Zeit, in der sie keine Almosen erhalten habe, gelebt habe, antwortete Rilke: „Von der Rose."

ÜBUNG 9

Ich mache mir die Schattenseiten bewusst, die ich an mir ablehne, und übe mich darin, in meinen Schattenseiten auch das Liebenswerte zu sehen.

ERLÄUTERUNG

Gibt es Eigenschaften an Ihnen, die Sie nicht mögen? Vielleicht kränken Sie sich selbst dauernd damit, dass Sie bestimmte Facetten Ihrer Persönlichkeit ablehnen. Machen Sie sich diese Schattenseiten bewusst und sagen sich selbst wiederholt: „Ich nehme an mir wahr, dass ich manchmal ... bin, und ich mag mich." Setzen Sie für die Pünktchen die Eigenschaft ein, die Sie als Schattenseite begreifen.

Wichtig ist dabei, dass Sie „manchmal" sagen, dass Sie Ihre Aussagen also relativieren.

BEGRÜNDUNG

Sich selbst liebevoll gegenüberzutreten heißt nicht, einem Idealbild liebevoll zu begegnen. Kein Mensch ist ideal. Wenn ich ideal werden müsste, um mich selbst liebevoll annehmen zu können, könnte ich wohl tausend Jahre warten und käme selbst dann nicht dazu. Die Erwartung eines Ideals entspricht einem destruktiven Alles-oder-nichts-Denken. Es kommt ja gerade darauf an, die Person, wie sie ist, positiv zu würdigen.

Stärken und Schwächen sind relativ. Meine größten Stärken sind vielleicht in Wahrheit meine Schwächen, meine Schwächen sind je nach Situation vielleicht meine größten Stärken. Das Wort „feige" klingt zum Beispiel eher nach Schwäche als nach Stärke, und trotzdem kann Feigheit in bestimmten Situationen geradezu lebensrettend sein. Man nennt es dann vielleicht besser „Vorsicht".

WAS GESCHEHEN KANN

Häufig kennt jemand seine eigenen Schattenseiten nicht oder hat ein sonst wie unrealistisches Bild von sich. Er nimmt Schattenseiten dann nur an anderen Menschen wahr, nennt andere geizig, faul oder rechthaberisch und verurteilt dabei eigentlich den geizigen, faulen oder rechthaberischen Anteil in sich selbst. Wenn ich mit einem Finger auf einen anderen zeige, zeigen drei Finger auf mich zurück, sagt man treffend. Um in diesem Punkt mehr Bewusstheit zu erreichen, kann ich Selbsterfahrungsgruppen besuchen, in denen mir jemand seine Wahrnehmung über mich sagen kann. Dabei bleibt zu beachten, dass diese Wahrnehmung auch nicht das absolut Wahre sein muss, sondern ebenso subjektiv gefärbt ist.

KLEINE GESCHICHTE

„Ich hasse die Rechthaberei", sagte der Redner in flammenden Worten. „Dreimal Schande über das Haupt derer, die meinen, sie müssten immer recht haben. Es wird mir sicherlich niemand widersprechen, wenn ich sage: Solche Menschen sind eine Zumutung für ihre Umwelt. Bereits mein Vater distanzierte sich immer von jeder Rechthaberei. Und schon mein Großvater sagte: Nur die Dummen haben immer recht. Daran habe ich mich bis heute gehalten und noch meine Kinder, die ich in demselben Geist erzogen habe, werden so denken wie ich." Der Redner verstand nicht, wieso ein Teil seiner Zuhörer lachte.

ÜBUNG 10

Ich mache mir die Schattenseiten meiner wichtigsten
Mitmenschen bewusst und übe mich darin,
das Liebenswerte auch in den Schattenseiten meiner
Mitmenschen zu sehen.

ERLÄUTERUNG

Sich selbst anzunehmen ist eng verbunden mit dem Annehmen seiner wichtigsten Mitmenschen. Es sind zwei Seiten derselben Medaille.

Wenn ich die zweckfreie Wahrnehmung übe, loslasse und mich in der Fantasie fallen lasse, wird meine Seele offen für meine Gedanken über meine Mitmenschen. Manche Ablehnung oder gar Wut kommt dann hoch.

Stellen Sie heute eine kleine Liste Ihrer wichtigsten Bezugspersonen im Beruf oder auch in der Familie zusammen. Es wird Ihnen nicht schwerfallen, für jede dieser Bezugspersonen ein oder zwei Eigenschaften zu nennen, die Ihnen Mühe bereiten und die Sie unangenehm finden. Meditieren Sie nun die Frage, wozu diese unliebsame Eigenschaft gut ist und wozu der Betreffende sie braucht.

So kann zum Beispiel der ausgeprägte Ordnungssinn eines Mitarbeiters schrecklich stören, und doch ist er in einem bestimmten Bereich der Arbeit notwendig und dient dazu, dass er mit seinen Verpflichtungen zurechtkommt. Bilden Sie Sätze wie diesen: „Ich nehme wahr, dass XY manchmal sehr … ist. Und ich mag ihn bzw. sie."

BEGRÜNDUNG

Wichtig ist wiederum, dass Sie das Positive im Negativen sehen. Die störenden Eigenschaften sind relativ, sie haben auch ihre guten Seiten. Wichtig ist auch, dass Sie sich entschließen, die Person trotz manchem Störenden zu mögen oder doch mindestens zu respektieren, damit Sie sich nicht in der Ablehnung selbst verschleißen. Insofern ist der Zusatz „Ich mag ihn" von Bedeutung, auch wenn vielleicht nicht immer leicht nachzusprechen.

Diese akzeptierende Haltung dem Mitmenschen gegenüber ist grundlegend für unsere Gesellschaft; ohne sie würde unsere Gesellschaft nicht funktionieren. Die Liebe zum Mitmenschen ist gesellschaftlicher Kitt, den alle Religionen gefordert und gefördert haben. Und mit Recht. Mögen Sie es Nächstenliebe nennen oder Solidarität oder gegenseitige Achtung – ohne ein Mindestmaß davon kommen wir nicht aus. Und es gibt eher zu wenig als zu viel davon.

WAS GESCHEHEN KANN

Vielleicht geht Ihnen die Formulierung „Und ich mag ihn/sie" zu weit und Sie können sich höchstens zu einem „Und ich respektiere ihn/sie" durchringen. Dann belassen Sie es dabei.

Vermutlich können oder wollen Sie manchmal das Positive in den störenden Eigenschaften Ihres Mitmenschen nicht sehen. Sie verharren in Ihrem Ärger. Fragen Sie sich in einem solchen Fall einmal, welchen Vorteil es für Sie hat, ärgerlich zu bleiben. Was können Sie vermeiden, indem Sie sich ständig über eine negative Eigenschaft ärgern? Welchen Gewinn ziehen Sie aus Ihrer ständigen Wut? Beispielsweise können Sie so bestimmte Arbeiten vermeiden, die Sie sonst mit dem Betreffenden zusammen auf sich nehmen müssten. Möglicherweise fühlen Sie sich nur durch Ihren Ärger wirklich lebendig. Wenn Sie über Jahre hinweg chronisch störenden Ärger empfinden, benötigen Sie vielleicht Hilfe von außen.

KLEINE GESCHICHTE

Sprichwort: Wer den Hund mag, muss auch seine Flöhe mögen. Oder: Was siehst du den Splitter im Auge deines Bruders und nimmst den Balken in deinem eigenen Auge nicht wahr? (Matthäus 7,3)

Persönliche Rituale und Gewohnheiten entwickeln

In der zweiten Vertiefung geht es darum, sich Freiräume zur Gewohnheit zu machen. Eigene Rituale können Ihnen helfen, sich die Welt auf angenehmere Weise zu ordnen und so das Leben zu erleichtern.

Die Achtsamkeit in der Stille als grundlegende Übung sollte Sie immer begleiten. Vielleicht wird sie Ihnen einmal so wichtig wie Essen und Trinken. Zur Achtsamkeit gehört auch, sich nicht durch begriffliches Denken oder Stress ablenken zu lassen. Auch beim Loslassen sind Rituale sehr hilfreich. Ich kannte einmal einen Mann, der nach der Arbeit immer erst zehn Minuten still im Auto saß, bevor er nach Hause fuhr. In diesen Loslassminuten überwand er den Stress der Arbeit. Er hörte dazu eine bestimmte Musik und sagte sich selbst in diesen Minuten: „Jetzt lasse ich die Arbeit hinter mir, gleich bin ich für meine Familie da." Er kam anders zu Hause an als mancher Kollege.

Loslassen ist für das ganze Leben von großer Bedeutung. Schon bei unserer Geburt lassen wir den Mutterleib los, später lassen wir unsere Kindheit los und gehen in die Rebellion der Pubertät, wir lassen irgendwann unser Elternhaus los und gründen eine eigene Existenz. Vor allem für die zweite

Hälfte des Lebens ist das Loslassen die große Lektion. Ab der Lebensmitte wird das Loslassen immer dringender, sonst ersticken wir. Ein Mensch, der nicht loslassen kann, erstickt an der Fülle der selbst gewählten Verpflichtungen und Aufgaben.

Viele Handlungen bekommen einen heilsamen, meditativen Charakter, wenn man ihre Zweckbestimmung loslassen kann. In unserer Gesellschaft besteht die Tendenz, alles irgendwelchen Zwecken zu unterwerfen und zu kontrollieren. Jede Tätigkeit wird möglichst rationalisiert mit dem Ziel, mit weniger Aufwand dasselbe Ergebnis schneller zu erreichen. Die Menschen werden nur noch als Kostenfaktoren oder als Humankapital gesehen, also nur vom ökonomischen Nutzen her. Die ökonomische Ausnutzung aller Dinge macht eben auch vor den Menschen selbst nicht halt. Nur wenn wir manche Ziele loslassen, wird der Weg zum meditativen Erlebnis und wir finden zu dem spirituellen Schatz, von dem schon weiter oben die Rede war: Was du suchst, das hast du schon. Dazu eine traditionelle Geschichte aus dem Zen:

> *Als ein Gast sich freiwillig meldete, nach dem Essen das Geschirr zu spülen, fragte der Meister: „Sind Sie sicher, dass Sie wissen, wie man Geschirr spült?" Der Mann versicherte dem Meister, dass er es sein ganzes Leben lang gemacht hätte. Da erwiderte der Meister: „Oh, ich zweifle nicht an Ihrer Fähigkeit, das Geschirr sauber zu bekommen, ich bezweifle nur, ob Sie es wirklich waschen können." Seinen Schülern sagte er daraufhin zur Erklärung: „Es gibt zwei Möglichkeiten, Geschirr zu spülen: die eine, es zu waschen, um es sauber zu machen; die andere, es zu waschen, um es zu waschen." Das war immer noch weit entfernt,*

den Schülern einzuleuchten. Deshalb fügte der Meister
hinzu: „Das Erste ist ein totes Tun, denn während euer
Körper Geschirr spült, ist euer Geist auf den Zweck
fixiert, dass es hinterher sauber ist; das Zweite ist ein
lebendiges Tun, weil nämlich euer Geist dort ist,
wo euer Körper ist."

Wenn wir immer nur an den Zweck einer Tätigkeit denken, verlieren wir den Kontakt zum Hier und Jetzt, wir können nicht mehr unvoreingenommen wahrnehmen. Geschirrabwaschen kann etwas Schönes und Meditatives sein, wenn ich mich ganz auf die Tätigkeit einlasse und nicht schon an das Ergebnis und das Danach denke. Fast jede Tätigkeit kann zum meditativen Ritual gemacht werden.

Die andere Seite des Loslassens ist die Hingabe. Beides gehört zusammen, auch wenn das auf den ersten Blick paradox erscheint. Ich kann leichter loslassen, wenn ich etwas Höheres finde, dem ich mich hingeben kann. Das ist gar nicht so einfach. Nach der alten Legende benötigte Christopherus viele Jahre, bis er jemanden gefunden hatte, dem er seine Arbeitskraft und seinen Dienst mit wirklich gutem Gefühl hingeben konnte. Hingabe ist letztendlich die Frage nach Gott. Darum geht es in dieser Vertiefungsebene auch darum, sich mit der eigenen Vorstellung von Gott zu beschäftigen und ein Ritual dafür zu finden, unabhängig davon, ob man an Gott glaubt oder nicht.

Auch Menschen, die nicht an Gott glauben, haben ein Bild von Gott, und zwar ein Bild von dem Gott, den sie ablehnen. Oft handelt es sich um ein sehr kindliches Bild von einem strengen Regenten im Himmel oder einem gütigen, aber leicht hilflosen alten Mann. Wie immer die Vorstellung von Gott aussieht, sie ist wirksam, auch wenn die Existenz Gottes verneint wird. Wer sich Gott als gnadenlosen Regenten vorstellt, der wird eher Angst haben, etwas im Leben falsch zu machen, als der, für den Gott eher einem wärmenden Sonnenlicht gleicht. Das gilt unabhängig davon, ob jemand die Existenz Gottes bejaht oder verneint.

Dass auch abgelehnte Gedanken hoch wirksam sind, kann man an folgendem Beispiel erkennen: Gehen Sie einmal eine Treppe hinunter mit der Vorstellung, dass Sie nicht stolpern oder fallen werden. Sie werden merken, dass sie unsicherer gehen als sonst. Ob Sie an Gott glauben oder nicht: Ihr Bild von der höchsten Macht des Universums beeinflusst sie. Sich dies bewusst zu machen und Verantwortung dafür zu übernehmen ist Teil des spirituellen Weges.

ÜBUNG 11

*Ich führe mein tägliches Wahrnehmungsritual
weiter und erwarte nichts Außergewöhnliches oder
Merkwürdiges.*

ERLÄUTERUNG

Ein Ritual ist eine wiederkehrende Folge von Handlungen an einem bestimmten Ort und zu einer bestimmten Zeit. Es entlastet davon, sich immer wieder neu entscheiden und immer wieder überwinden zu müssen. Sie haben wahrscheinlich schon ein eigenes Wahrnehmungsritual entwickelt, vielleicht ähnlich den bisher in diesem Buch beschriebenen Übungen. Wahrscheinlich haben Sie schon eine feste Zeit für die zweckfreie Wahrnehmung, zum Beispiel den Morgen. Vermutlich haben Sie auch einen festen Ort, etwa einen Sessel, den Sie vornehmlich für diesen Zweck nutzen. Vielleicht haben Sie auch noch andere Gewohnheiten hinzugefügt, beispielsweise das Fenster zu öffnen, damit frische Luft hineinströmt.

Womöglich haben Sie es sich zur Gewohnheit gemacht, eine Kerze anzuzünden, wenn Sie für Ihr Ritual den Abend bevorzugen. Aber auch wenn Sie alles ganz anders machen: Es ist gut, sich eine feste Gewohnheit zu schaffen. Suchen Sie sich ein Ritual, das zu Ihnen passt.

BEGRÜNDUNG

Rituale entlasten und tun gut. Man gewöhnt sich daran. Ich kenne zahlreiche Leute, die morgens absichtlich eine Viertelstunde früher aufstehen, als sie müssten, um eine Zeit der Stille einzuhalten. Sie lassen dabei bewusst das Radio ausgeschaltet und schauen auch nicht in die Zeitung. Sie genießen es, einfach da zu sein. Sie danken dem Leben dafür, dass sie einfach da sind. Viele berichten, dass dieses morgendliche Ritual ihren Tag positiv beeinflusst. Wenn ich mir selbst einrede, dass heute ein schlechter Tag ist, den ich kaum bewältigen werde, werde ich meinen Tag auch so erleben. Wenn ich den Tag aber mit Ruhe und mit Achtsamkeit beginne, werde ich auch einen ruhigen Tag haben.

WAS GESCHEHEN KANN

Gehören Sie zu den Menschen, die mit sich unzufrieden sind, wenn nicht ständig etwas Neues geschieht? Viele zweifeln dann schnell an sich selbst. „Ich kann nicht meditieren", sagen sie. Oder: „Ich bin nicht fähig für eine spirituelle Erfahrung. Ich habe den großen Kick, von dem meine Freundin gesprochen hat, noch nicht erlebt."

Langsam, bitte langsam. Gerade die Ritualisierung soll dazu beitragen, nicht den schnellen großen Kick zu erwarten, sondern der Seele erst einmal Sicherheit zu geben. Vielleicht ist für Sie auch gar nicht das große überwältigende Erlebnis vorgesehen, sondern eine allmähliche positive Veränderung. Oder eventuell ist es für Sie von Bedeutung, erst einmal das Positive in Ihrem Leben wahrzunehmen, was schon da ist. Vielleicht würden spektakuläre Erfahrungen Sie nur von einem wichtigen Entwicklungsschritt ablenken.

KLEINE GESCHICHTE

Ein Schüler kam zu seinem Meditationslehrer und sagte: „Ich bin in deinen Kurs gekommen, um endlich Ruhe zu finden. Jetzt meditiere ich schon seit drei Tage und es ist immer noch nichts passiert".

„Und?", fragte der Lehrer zurück.

„Was muss ich tun, damit endlich etwas passiert."

„Nichts", antwortete der Lehrer.

„Aber das tue ich doch die ganze Zeit. Ich sitze nur da und meditiere."

„Eigentlich nicht. Eher lauerst du die ganze Zeit auf die große Veränderung, eher strengst du dich an, als dass du einfach achtsam da bist."

„Und wenn ich mich bemühe, meine Erwartung fallen zu lassen?"

„Auch das ist nicht die gewünschte Veränderung, denn auch da bemühst du dich."

„Was kann ich also tun?", fragte der Schüler.

„Nichts. Warte darauf, bis deine Seele von sich aus etwas anderes erlebt."

ÜBUNG 12

*Ich nehme wahr, ohne begrifflich einzuordnen oder
irgendein Sollen damit zu verknüpfen.*

ERLÄUTERUNG

Vielleicht haben Sie sich eine stille Zeit der Wahrnehmung zur Gewohnheit gemacht. Dann geraten Sie leicht in Versuchung, Eindrücke begrifflich zu fixieren und zu sammeln. Manche Menschen können nicht anders, als ihre Erfahrungen in Worte zu fassen und ins Gedächtnis zu schreiben. Sie erleben dann letztlich nicht mehr die Gegenwart, sondern nur die Begriffe davon.

Es ist nicht nötig, dass Sie Ihre Erfahrungen in Begriffen ausdrücken und darüber kommunizieren können. Es ist wichtig, dass Sie in der Wahrnehmung bleiben. Wenn Ihnen Worte über Ihre Erfahrungen kommen, nehmen Sie diese Worte zur Kenntnis, aber lassen Sie sie vorüberziehen. Begriffe sind nicht wichtig. Von Ihnen wird keine Leistung erwartet, nicht einmal die, Rechenschaft zu geben über Ihre Wahrnehmungen. Seien Sie einfach nur da.

BEGRÜNDUNG

Alles in Begriffe umzumünzen ist eine Möglichkeit, der Wahrnehmung und damit dem Leben auszuweichen. Sie haben dann nur noch die Konserve, nicht mehr das Leben selbst. Gerade für Menschen, die zu denken gewohnt sind, ist das begriffliche Definieren eine Verführung, um die Wahrnehmung zu verlassen.

Sie können sich das folgendermaßen klar machen: Sie sagen sich: Ich sehe etwas, was ich normalerweise als Stuhl bezeichne. Aber es ist viel mehr als das. Es ist auch Farbe und Form, es ist auch Widerspiegelung von Licht, es ist auch Auslöser von Gefühlen in mir, es ist noch viel mehr. Begriffe sind nicht die Wirklichkeit, sondern immer eine Verkürzung der Wirklichkeit.

Wenn ich in der Wahrnehmung bin, dann kann ich keine generalisierenden Aussagen treffen. Ich kann vielleicht sagen: „Es scheint die Sonne." Aber ich kann nicht sagen: „Immer montags scheint die Sonne." Oder: „An Weihnachten ist immer Matschwetter." Oder: „Nie ist die Schlange, bei der ich mich im Supermarkt anstelle, die schnellste." Solche Verallgemeinerungen stören die Achtsamkeit, sie sind nicht hilfreich. Sie blockieren die persönliche Entwicklung. Hilfreich ist, die Gegenwart zu spüren und zu fühlen, was das Erlebte mit mir macht.

 WAS GESCHEHEN KANN

Möglicherweise bringen Ihre Übungen Sie in eine heimliche Konkurrenz mit anderen und Sie vergleichen Ihre eigenen Fortschritte in der spirituellen Entwicklung mit den Erzählungen anderer. Dabei finden Begriffe Anwendung. Womöglich sind die Begriffe, die andere für ihre spirituellen Übungen gefunden haben, eindrucksvoller als Ihre eigenen. Oder es verhält ich umgekehrt. Doch durch Begriffe und Konkurrenz verlieren Sie den Kontakt zu Ihrem eigenen spirituellen Weg.

Verwechseln Sie also nicht die Worte über die spirituelle Erfahrung mit tatsächlicher Erfahrung. Irgendwann werden Sie so weit sein, dass Sie die Veränderungen gar nicht mehr angemessen in Worten beschreiben können.

Ein junger Mönch bekommt von seinem Abt den Auftrag, um seines seelischen Wachstums willen nach Assisi zu pilgern. Nach einiger Vorbereitung geht er los, ist aber am nächsten Tag schon wieder im Kloster.

„Warum", fragt ihn der Abt, „bist du schon wieder da? Der Weg allein beansprucht doch schon mehrere Tage. Und am Ziel wirst du doch auch Zeit für deine Gebete brauchen."

„Ich bin an eine Wegkreuzung gekommen und habe dort an einer langen Stange Assisi gesehen. Assisi 50 km", antwortet der Mönch, „das habe ich mir angesehen und dann bin ich wieder zurückgegangen."

Der Abt schüttelt lachend den Kopf. „Du hast ein Hinweisschild mit der Wirklichkeit verwechselt."

ÜBUNG 13

Ich suche mir ein Ritual des Loslassens und übe mich täglich darin. Insbesondere bei Stress wende ich es an.

ERLÄUTERUNG

Nicht nur bei der Wahrnehmung, auch beim Loslassen sind bestimmte Rituale hilfreich. Es ist wichtig, dass Sie ein eigenes Ritual finden, das ihnen hilft, den Stress eines Tages oder etwas, was Sie ständig beschäftigt, loszulassen. Hier einige Möglichkeiten für Übungen im Loslassen:

Gespräch: Manche können loslassen, indem sie mit einem anderen Menschen über ein Problem reden. Der andere braucht gar nicht viel zu sagen, sondern einfach nur zuzuhören.

Impulswort: Die vielleicht wichtigste Methode des Loslassens besteht darin, sich ein Loslasswort, eine Art Mantra, zu suchen, zum Beispiel: „Frieden" oder das hebräische Wort für Frieden „Schalom" oder „Ruhe" oder auch ein ganz anderes Wort. Wenn Sie in Stress geraten, ziehen Sie sich für eine Minute zurück und sagen Sie sich dieses selbst gewählte Wort immer wieder vor. So bekommen Sie wieder ein wenig Abstand und spüren sich wieder. Viele verbinden das Loslassen mit einem ganzen Satz, beispielsweise so: „Ich trenne mich von dem, was mich beschäftigt; es beeinträchtigt mich nicht mehr."

Impulsgeste: Manche verbinden das Loslassen und Zur-Ruhe-Kommen mit einer Geste, indem sie zum Beispiel die Fingerkuppen beider Hände aneinanderlegen und bewusst ihre Haut an dieser sensiblen Stelle spüren. So kommen sie in eine neue Konzentration und lassen das Bisherige los.

Symbolhandlung: Eine andere Methode besteht darin, das aufzuschreiben, was einen bedrückt, und das Geschriebene in einen Fluss zu werfen oder zu verbrennen. So treibt die innere Belastung davon oder geht in Flammen auf. Manche symbolisieren das, was sie bedrückt, auch durch einen schweren Stein, den sie ins Wasser oder in den Wald werfen.

Fantasiespaziergang: Für manche ist das Hineingehen in eine persönliche Fantasie der Weg zum Loslassen. Sie versetzen sich für eine Minute in ihre eigene Welt. Auch erotische Fantasien können ein Weg zum Loslassen sein.

Spiritualität: Menschen, die ihre persönliche Vorstellung von Gott gefunden haben, stellen sich oft vor, wie sie Gott die Last übergeben: „Nimm du, was mich bedrückt, Gott."

Was könnte für Sie und für die Dinge, die Ihnen auf der Seele liegen, ein passendes Ritual des Loslassens sein? Probieren Sie Verschiedenes aus und wenn Sie etwas gefunden haben, was Ihnen guttut, dann machen Sie es zu Ihrer Gewohnheit.

BEGRÜNDUNG

Ans Loslassen muss man sich gewöhnen so wie an alles andere auch. Beim Üben des Loslassens sind Rituale hilfreich. Loslassen ist die größte Aufgabe im Leben. Eine Krankheit kann dazu gut sein, dass wir unsere Arbeit einmal loslassen können. Der Tod eines Menschen erlegt uns immer die Aufgabe des Loslassens auf. Der eigene Tod oder die Vorstellung davon stellt uns sogar vor die Aufgabe, die ganze Welt loszulassen. Loslassen ist aber nicht nur schmerzlich, es entspannt auch. Ballen Sie einmal die Hände zu Fäusten und spüren Sie, wie Ihr ganzer Körper sich anspannt. Dann öffnen sie die Hände langsam. Sie werden merken, wie der Körper sich entspannt, wenn Sie die Hände öffnen.

WAS GESCHEHEN KANN

Für manche ist das Loslassen eine eher erschreckende Aufgabe. Sie hängen sehr an dem, was sie festhalten wollen. Vielleicht haben sie besonders hart darum kämpfen oder besonders lang darauf warten müssen. Wer besonders lang darauf gewartet hat, dass er deutlich erkennbar von einem anderen Menschen geliebt wird, der wird die Liebe besonders schwer wieder loslassen können. Wer besonders hart für ein wenig Wohlstand arbeiten musste, wird seinen Wohlstand schwerer loslassen können als jemand, dem immer schon anderes wichtig war. Machen Sie sich bewusst, was die Vorstellung von der bleibenden Lebensaufgabe des Loslassens bei Ihnen auslöst.

KLEINE GESCHICHTE

Ein Bekannter hat für sich folgendes Ritual entwickelt: Immer, wenn ein Problem in sein Bewusstsein kommt, schreibt er es in kurzen Stichworten auf eine Karte. Auf seinem Schreibtisch stehen drei kleine Kästchen, in die er die Karte legen kann. Auf dem einen Kästchen steht: Demnächst selbst zu erledigen. Auf dem zweiten: Vom Heiligen Geist zu erledigen. Auf dem dritten: Unklar, wie es weitergeht. Was er selbst erledigen muss, bearbeitet er in Ruhe der Reihe nach, so wie er eben Zeit hat. Über das Kästchen mit den Aufgaben, die der Heilige Geist für ihn erledigt, sagt er: „Ich vergesse einfach, was ich dort hineingetan habe. Wenn ich nach Monaten doch einmal die dort abgelegten Karten lese, merke ich immer, dass auf wunderbare Weise tatsächlich alles erledigt ist." Und das Kästchen mit den Problemen, von denen er noch nicht weiß, ob er sich darum kümmern muss? „Auch davon erledigen sich die meisten Dinge von selbst", erzählt er, „und bei den anderen Dingen spreche ich mit einem Bekannten darüber. Dann weiß ich meistens eine Lösung."

ÜBUNG 14

Ich lasse meine Gefühle los und äußere sie anderen Menschen gegenüber als Ich-Botschaft. Ich vertraue darauf, dass die anderen damit umgehen können. Ich lasse die Vorstellung los, alle müssten mich akzeptieren oder lieben.

Vielleicht haben Sie manchmal Angst, einem anderen zu sagen, was Sie bewegt? Wie wird er es auffassen? Wenn Sie etwas Persönliches von sich sagen, werden Sie verletzbar. Sie geben sich eine Blöße. Der andere könnte etwas von Ihrer Aussage oder Ihnen ablehnen.

Deswegen neigen viele Menschen dazu, persönliche Aussagen nicht als Ich-Botschaft zu formulieren, sondern sie in eine allgemeinere Form zu bringen, in der sie vorgeblich weniger angreifbar sind. Wir sagen nicht: „Ich habe Geldprobleme und muss sehen, wie ich zurechtkomme", sondern stattdessen: „Der Wohlstand in Deutschland sinkt." Wir sagen nicht: „Ich fühle mich sehr allein", sondern eher: „Die Vereinsamung in unserer Gesellschaft nimmt mehr und mehr zu." Damit aber wird es für unser Gegenüber schwer, uns zu verstehen. Der Gesprächspartner wird dann leichter dazu neigen, die Äußerung einfach als Diskussionsbeitrag zu verstehen und mit dem Zitieren aus einer Statistik zu reagieren.

Eine wichtige Form des Loslassens besteht darin, die Dinge auszusprechen, die man auf dem Herzen hat. Aber dieses Aussprechen setzt voraus, dass man anderen Menschen zutrauet, damit umgehen zu können. Ein Gefühl, das man aussprechen kann und das anerkannt wird, schwächt sich ab. Vor allem bedrängende Gefühle wie Angst oder Ärger werden sanfter, wenn man sie einem anderen Menschen mitteilt. Ein Gefühl, das versteckt wird und nicht an die Oberfläche kommen darf, verstärkt sich hingegen.

Problematisch ist es auch, die Selbstkundgabe mit der Vorstellung zu verbinden, man müsse von anderen Menschen dafür gemocht oder geliebt werden. Damit macht man sich selbst höchst angreifbar und vertraut sich nach einer Enttäuschung vielleicht am Ende niemandem mehr an. Dabei können Sie in Wahrheit gut damit leben, wenn ein Teil der Menschen Ihr Handeln missbilligt. Sie sind nicht auf das Lob aller angewiesen. Sie können auch damit leben, wenn Sie sich einmal einem Menschen anvertraut haben, der Sie nicht akzeptiert. Sie sterben nicht an Ablehnung. Suchen Sie sich einfach das nächste Mal einen anderen Gesprächspartner.

WAS GESCHEHEN KANN

Manche Menschen kommen hier an ihre Grenzen, weil ihnen in ihrer Kindheit eingebläut worden ist, bestimmte Gefühle nicht zu äußern. Sie durften vor ihren Eltern nie ärgerlich oder gar wütend sein. Oder sie durften nicht traurig sein, weil ihre Mutter dann Schuldgefühle entwickelte. Manche Mütter glauben, sie seien nur dann eine gute Mutter, wenn ihr Kind niemals traurig ist. Ist ihr Kind dennoch traurig, entwickeln sie Schuldgefühle. Vielleicht war es für Sie als Kind nahezu unerträglich, mit Ihrer kindlichen Traurigkeit Ihre Mutter in solche Schuldgefühle zu stürzen. Darum haben Sie sich die Traurigkeit abtrainiert. Wer aber ein bestimmtes Gefühl in sich blockiert, blockiert die anderen Gefühle mit. So wird zum Beispiel die Freude nicht ganz frei sein, wenn nicht auch Traurigkeit geäußert werden darf. Wenn Sie bestimmte Gefühle unter keinen Umständen äußern dürfen, ja nicht einmal sich selbst zugestehen und darunter leiden, dann benötigen Sie vielleicht therapeutische Hilfe. Doch zunächst lade ich Sie ein, loszulassen. Und das heißt auch, die Gefühle im Gespräch mit anderen Menschen zu äußern.

Wenn bei älteren Ehepartnern einer lebensgefährlich er-
krankt, lassen sich manchmal tragische, gleichzeitig aber
kuriose Erfahrungen machen. Da sagt die Ehefrau zum Arzt
ihres Mannes: „Ich weiß, dass mein Mann Krebs hat und es
wohl nicht überleben wird, aber sagen Sie ihm das bitte nicht.
Er könnte den Gedanken nicht aushalten." Und der schwer
erkrankte Ehemann sagt zu demselben Arzt. „Ich weiß, dass
ich Krebs habe und es wohl nicht überleben werde, aber sagen Sie das um Gottes willen nicht meiner Frau. Sie könnte
das nicht aushalten." Wie gut, wenn Paare das Vertrauen zu-
einander entwickeln, dass jeder aushält, was der andere auf
dem Herzen hat.

ÜBUNG 15

*Ich lasse die Kontrolle über meine Mitmenschen
los und vertraue darauf, dass sie das Richtige tun.*

ERLÄUTERUNG

Gehen Sie bei Ihren Meditationen einmal in Ruhe die Reihe
der Menschen durch, deren Verhalten und Wohlergehen Ihnen am wichtigsten ist. Versuchen Sie sich klar zu werden,
wie viel Energie Sie darauf verwenden, das Verhalten dieser
Menschen zu beeinflussen.

Sagen Sie wiederholt: „Ich lasse dich frei ... Du wirst das
tun, was für dich das Beste ist", und setzen Sie dabei den Namen der betreffenden Person ein. Tun sie das mit allen, deren

Verhalten Sie am liebsten kontrollieren möchten. Gehen Sie an einem anderen Tag auch einmal Ihre Kontakte durch und fragen Sie sich, ob Sie Mitmenschen finden, deren Einfluss sich negativ bei Ihnen bemerkbar macht. Manche Menschen sehen in allem nur die Probleme. Für sie ist alles nur schlecht, sie lehnen alle guten Ansätze ab oder machen sich sogar darüber lustig. Andere Menschen erwarten ständig Hilfe und sabotieren sie dann. So halten sie ihre Mitmenschen in Atem. Lassen Sie auch die Menschen mit der negativen Ausstrahlung frei. Vertrauen Sie darauf, dass sie auch ohne Sie zurechtkommen werden.

BEGRÜNDUNG

Jeder Mensch ist ein selbsterhaltendes System, er schafft sich selbst, er tut, was er will. Er handelt so, dass er seine Lebensweise am besten aufrechterhalten kann. Es ist nicht möglich, einen Menschen nach dem eigenen Willen zu beeinflussen und ihn zu kontrollieren, außer mit Gewalt in einem totalitären System, und auch dort nur begrenzt. Es ist schon schwer genug, einen Säugling zu kontrollieren, obwohl die Eltern doch alle Macht in Händen haben. Man kann andere Menschen höchstens irritieren, indem man etwas Unerwartetes tut und etwas Neues ausprobiert. Ob der andere sich dadurch beeinflussen lässt und in welche Richtung er sein Verhalten verändert, lässt sich nicht voraussagen.

Alte Kulturen, zum Beispiel bei den Indianern Nordamerikas, kennen das Ritual, Menschen ab einem gewissen Alter aus der Obhut der Eltern zu lösen und einem religiösen Führer anzuvertrauen. Das ist für die Psychohygiene aller Beteiligten sehr heilsam. Der Entlassene bekommt dann sein Totemtier und wird in einer anderen, selbständigen Rolle in die Gemeinschaft neu aufgenommen.

Vielleicht erscheint Ihnen der Satz vom Loslassen anderer Menschen ein wenig lieblos. Womöglich sträubt sich so viel in Ihnen dagegen, dass Sie dieses Übung nicht akzeptieren können. Ich glaube allerdings nicht, dass es lieblos ist, einem anderen Menschen seinen eigenen Weg und seine eigene Entscheidungsfreiheit zuzugestehen. Es entspricht durchaus der Nächstenliebe, wie sie in unserer christlich-humanistischen Welt eingeübt worden ist.

Wenn man einen anderen Menschen gar nicht loslassen kann, hilft manchmal das Fürbittengebet. Indem ich eine höhere Instanz in die Verantwortung für den anderen Menschen rufe, kann ich mich leichter aus den Kontrollversuchen verabschieden. Es ist die Aufgabe Gottes selbst, wie immer ich ihn verstehe, etwa auf mein erwachsenes Kind zu achten, wenn ich es nicht mehr kann oder mag.

Was tue ich, wenn ich einen Menschen nicht loslassen kann, weil ich mich über ihn geärgert habe? Vielleicht ist mir jemand begegnet, der meinem Empfinden nach eine unangenehme Atmosphäre um sich verbreitet. Es tut gut, sich auch für das Loslassen dieser Menschen ein Ritual zu überlegen, sich beispielsweise nach einer solchen Begegnung zu waschen, die Fenster aufzureißen, zehn Minuten schnell zu gehen oder Ähnliches. Ein solches Ritual gleicht einem kleinen Exorzismus, durch den man die negative Atmosphäre aus sich hinauslässt.

KLEINE GESCHICHTE

Eine Mutter erzählte: „Was habe ich mir für eine Mühe gegeben, meiner Tochter hübsche Sachen zum Anziehen zu kaufen, aber sie möchte nun mal den Schlabberlook und Löcher in den Jeans. Immer wenn ich sie überreden konnte, mit mir zusammen etwas Neues zu kaufen, trug sie es hinterher einfach nicht. Die Sachen blieben ungenutzt, bis sie aus der Mode waren. Bald hatte sie wieder ihre ausgewaschenen Jeans an. Ich war ganz verzweifelt. Sie tat auch sonst einfach, was sie wollte. Wie oft lag ich spätabends im Bett und zermarterte mir das Gehirn, was meine Tochter wohl gerade tut, was sie wichtig nimmt und wie ich meinen Einfluss auf ihr Leben behalten könnte. Mein Mann riet mir, einfach aufzugeben und unsere Tochter tun zu lassen, was sie will. Ich glaubte ihm nicht. Meine Freundinnen rieten es mir und ich glaubte ihnen nicht. Schließlich riet mir auch eine Psychologin, an die ich mich in meiner inneren Unruhe wandte, dasselbe. Schließlich ließ ich meine Tochter los. Ich sagte mir immer wieder: Sie macht, was sie will, egal, was ich tue. Ich richte meine Energie besser auf etwas anderes. Das tat ungeheuer gut. Ich wurde frei, ich fing an, mich um meine eigenen Dinge zu kümmern. Es kam eine ganz neue Qualität in mein Leben. Jetzt weiß ich: Man kann das Verhalten anderer Menschen nicht kontrollieren. Und wenn man es versucht, macht man sich nur selbst unglücklich. Man wird abhängig."

Manchmal begegnen mir in der Psychiatrie Menschen mit einem besonders schweren Schicksal. Ihr ganzes Leben ist eine einzige Kette von Misshandlungen und Schicksalsschlägen. Die Gespräche gehen mir sehr nach. Dann suche ich meist die Kapelle auf und sage zu Gott: „Er hat so viel Furchtbares erlebt, ich kann ihm nicht helfen. Ich kann ihn nur loslassen. Es ist doch dein Mensch, Gott. Ich gebe ihn dir. Wenn du kein mitleidloser Gott bist, dann tu du etwas für ihn! Nimm du ihn in den Bereich deines Segens!" Dieses Loslassen ist wichtig, damit ich atmen und als Seelsorger weiterarbeiten kann.

ÜBUNG 16

Ich lasse meine Verpflichtungen los und vertraue darauf,
dass ich zur rechten Zeit das Richtige tun werde.

ERLÄUTERUNG

Werden Sie kritisch gegenüber Ihren eigenen Sätzen, die
mit „Ich muss …" beginnen. Solche Sätze entsprechen nicht
Ihrer Freiheit. Wenn Sie das von sich selbst Geforderte aus
irgendeinem Grund nicht tun, fühlen Sie sich als Versager.
„Ich muss", diese Worte legen wahrscheinlich schon den
Keim zu einem unglücklich-deprimierten Gefühl. Sagen
Sie stattdessen lieber: „Ich habe mir vorgenommen …" und
denken dabei: „Notfalls kann ich auch anders." Oder sagen Sie: „Ich bevorzuge …" und denken dabei: „Ich kann
auch damit leben, wenn ich es heute anders mache." „Ich
muss mich heute um meinen Haushalt kümmern!" Muss
ich wirklich? „Ich finde es schön, wenn mir heute gelingt,
mich um meinen Haushalt zu kümmern. Aber ich kann
auch damit leben, wenn es aus irgendeinem Grund nicht
gelingt."

Wenn Sie mehrere Verpflichtungen haben, gehen Sie
sie kurz durch. Überlegen Sie, ob Sie für die zukünftigen
Aufgaben heute schon etwas vorbereiten können, und
lassen Sie ansonsten los. Was wichtig ist, kommt wieder.
Zur rechten Zeit werden Sie sich an Ihre Verpflichtungen
erinnern und die Aufgaben dann auch zur Zufriedenheit
lösen. Haben Sie Vertrauen zu sich selbst und zu Ihrer eigenen Arbeitsfähigkeit. Es genügt, wenn Sie sich mit den
Aufgaben von heute beschäftigen.

BEGRÜNDUNG

Depressive Menschen können sich gegenüber Verpflichtungen nicht abgrenzen. Alles, was sie zu tun haben, erleben sie als unmittelbar bedrängend. Dabei ist egal, ob die Verpflichtung heute zu erledigen ist oder morgen oder in sechs Wochen oder nächstes Jahr. Es scheinen sich alle Anforderungen gleichzeitig auf die Seele zu legen. Depressive Menschen können nicht loslassen. Erfolgreiche Manager hingegen konzentrieren sich ganz auf das, was jetzt an der Reihe ist. Sie überlegen wohl kurz, was sie für die Zukunft vorbereiten können, leiten vielleicht auch das eine oder andere in die Wege, stellen die zukünftigen Anforderungen dann aber zurück, um sich mit voller Konzentration dem zu widmen, was jetzt notwendig ist. Es tut gut, so in der Gegenwart zu leben. Es ist eine wichtige meditativ-religiöse Übung, auf diese Weise immer wieder in die Gegenwart zu kommen.

WAS GESCHEHEN KANN

Auch wenn Sie sich mehr auf das Gegenwärtige konzentrieren, wird es wohl kaum passieren, dass Sie zukünftige Verpflichtungen einfach vergessen und unzuverlässig werden. Viel eher werden Sie sich wundern, dass Ihre Belastung auf einmal viel weniger und insgesamt alles leichter wird. Vielleicht empfinden Sie eine gewisse Leere und spüren auf einmal, dass Sie noch für etwas anderes Zeit haben als für das Abarbeiten von Notwendigkeiten. Wenn das so ist, dann sagen Sie sich selbst: Ich bin wieder mehr im Leben angekommen, herzlichen Glückwunsch.

KLEINE GESCHICHTE

In der Gegenwart zu leben, tut gut. Davon handelt eine traditionelle Geschichte aus dem Bereich des Zen-Buddhismus.

Ein alter Zenmeister wird gefragt, wie er es schafft, trotz seiner vielen Verpflichtungen so konzentriert zu sein. Er antwortet: „Wenn ich liege, dann liege ich, wenn ich aufstehe, dann stehe ich auf, wenn ich sitze, dann sitze ich." „Das tun wir doch auch, was tust du noch?", fragen seine Schüler. „Wenn ich liege, dann liege ich, wenn ich aufstehe, dann stehe ich auf, wenn ich sitze, dann sitze ich."

Seine Schüler unterbrechen. „Das tun wir auch, sag endlich, was das Besondere bei dir ist!" Der Meister antwortet: „Ihr tut das nicht. Wenn ihr liegt, dann steht ihr schon auf, wenn ihr aufsteht, dann sitzt ihr schon."

Eine ähnliche Haltung zur Gegenwart zu entwickeln ist ein zentrales Anliegen Jesu: „Sorget euch nicht um den morgigen Tag. Es ist genug, wenn jeder Tag seine eigene Sorge hat. Seht die Lilien auf dem Felde und die Vögel unter dem Himmel, sie säen nicht, sie ernten nicht und ihr himmlischer Vater ernährt sie doch. Seid ihr nicht viel mehr als sie? Wer ist unter euch, der seines Lebens Länge eine Spanne zusetzen könnte, wie sehr er sich auf darum sorgt?" (nach Matthäus 6,26-34)

ÜBUNG 17

Ich nehme mir Zeit, mir die Gottesbilder bewusst zu machen, die in meinem Denken eine Rolle spielen.
Ich befreie mich von Gottesbildern, die meine spirituelle Entwicklung behindern.

ERLÄUTERUNG

Unabhängig davon, ob ein Mensch an Gott glaubt oder nicht, hat er meist bestimmte Bilder von Gott. Er denkt vielleicht an einen alten, auf einem Thron sitzenden Mann mit Bart an eine alles durchdringende Lichtenergie wie die Sonne. Manchmal spielen nicht so sehr Bilder Gottes selbst, sondern andere heilige Gestalten eine große Rolle: eine Marienfigur, die jemand als Kind besonders schön fand oder besonders beängstigend, oder ein Bild von einem Engel. Fromme Juden sehen möglicherweise das berühmte Tetragramm Gottes vor sich, fromme Muslime die leere Gebetsnische der Moschee, vielleicht verbunden mit der strengen Geste eines Imams. Obwohl wir uns nach biblischem Gebot kein Bild von Gott machen sollen, kommen wir doch meist an Visualisierungen nicht vorbei. Die Seele übernimmt einfach Bilder, die sich ihr nahe legen.

Machen Sie sich Ihre Gottesbilder bewusst! Womöglich haben Sie Gottesbilder in Ihrem Denken, die Ihnen nicht guttun. Vielleicht stellen Sie sich einen Gott vor, der Sie ständig belauert und nicht zur freien Entfaltung kommen lässt. Möglicherweise will Gott nach Ihrer Vorstellung bestimmte Gefühle bei Ihnen nicht zulassen, zum Beispiel Zorn oder sexuelles Begehren. Vielleicht stellen Sie sich einen Gott vor, der von Ihnen Gehorsam verlangt und Sie darin behindert, sich eine eigene Meinung zu bilden. Werden Sie sich dieser destruktiven Gottesbilder bewusst und sprechen mit einem Vertrauten darüber.

Da man aber nichts „vergessen" kann, ohne etwas Neues an die Stelle zu setzen, sprechen Sie auch darüber, welche Vorstellung von Gott Ihrer Entwicklung vielleicht guttun könnte, einmal abgesehen davon, ob Sie daran glauben oder nicht.

BEGRÜNDUNG

Es ist nicht entscheidend, ob Sie an diesen für Sie destruktiven Gott glauben. Auch wenn Sie ihn ablehnen, werden Sie, solange Sie ein störendes Gottesbild in sich tragen, an Ihrer spirituellen Entwicklung gehindert. Auch abgelehnte Gottesbilder sind in der Seele mächtig.

WAS GESCHEHEN KANN

Sagen Sie nicht: Das kommt mir so beliebig vor, dass ich mir ein passendes Gottesbild suche. Sagen Sie lieber: Die Beschäftigung mit diesem Buch ist eine Chance, dass Gott sich mir anders zeigen kann und dass ich eine neue Offenbarung über sein Wesen bekomme.

KLEINE GESCHICHTE

Ein sechzigjähriger Kaufmann erzählt: „Als ich Kind war, hatten wir einen älteren, in seiner Gestik und Sprache ruppigen Pfarrer, der vorher beim Militär gewesen war. Er machte mir Angst. Als kleiner Junge stellte ich mir Gott immer wie diesen Pfarrer vor, groß und stark, aber dabei unverständlich und grantig. An einen Ausspruch erinnere ich mich bis heute: Gott sieht alles, es hat keinen Sinn, sich vor ihm zu verstecken.

Ich weiß nicht, ob es wegen dieser Aussage war oder mehr wegen der Person des Pfarrers, jedenfalls löste das Wort Gott bei mir nichts Positives aus, eher eine Fluchtreaktion und später dann Ärger und Ablehnung. Aber mir blieb eine Angst davor, bloßgestellt zu werden. Ich kam auch ganz ohne eine Vorstellung von Gott nicht aus. Ich versuchte mir zu helfen, indem ich mir Gott als eine unpersönliche Energie vorstellte. Aber das befriedigte mich auch nicht. Mir ging es erst besser, als ich die weiblichen Anteile in Gott meditierte, das Helfende, Mütterliche, Bergende. Gott ist gar nicht daran interessiert, meine Fehler zu sehen, sondern ihn interessiert, dass ich lebe."

ÜBUNG 18

*Ich mache mir die Gottesbilder bewusst, die mir guttun
und meine spirituelle Entwicklung fördern.*

ERLÄUTERUNG

Träumen Sie einmal für ein paar Minuten! Ganz gleich, ob Sie an Gott glauben oder nicht: Wenn es einen Gott für Sie gäbe, wie müsste er dann für Sie sein? Was könnte er für Sie tun? Sollte er Ihnen Ruhe und Geborgenheit geben wie eine Mutter? Sollte er Sie motivieren, neue Wege zu gehen, und Sie aus den bisherigen Gewohnheiten herausrufen? Sollte er Ihren Blick so weiten, dass Sie nicht mehr so sehr um sich selbst kreisen? Welche seiner Worte könnten Ihnen guttun?

Oder ist für Sie eher die Vorstellung richtig, Gott sei wie eine Energie, wie das Sonnenlicht, wie die Wärme, wie die Energie der Liebe? Denken Sie dabei eher an eine starke Energie wie einen mächtigen Strom? Oder stellen Sie sich eher eine sanfte Energie wie ein leichter Windhauch vor?

Wenn Ihnen eine Vorstellung von Gott oder vom Heiligen einfällt, die Ihnen guttut, dann kann es sehr sinnvoll sein, mit einem erfahrenen Menschen darüber zu sprechen. Es ist gut nachzuhören, ob Ihre Wahl auch für einen anderen nachvollziehbar ist. Kann auch ein anderer Mensch spüren, dass Ihr Bild vom Heiligen Ihnen guttut?

BEGRÜNDUNG

Auch wenn man nicht an Gott glaubt, fördert ein liebevolles Gottesbild das Leben. Die Bilder, die wir in unserem Herzen haben, entfalten ihre Macht, auch wenn unser Intellekt sagen sollte, dass es keinen Gott gibt oder dass wir nichts von ihm wissen können.

WAS GESCHEHEN KANN

Für manche Menschen ist der Begriff Gott so abstrakt, so jenseitig, vielleicht auch so mit Ehrfurcht besetzt, dass sie sich gar nicht an eine konkret-bildhafte Gottesvorstellung heranwagen. Für sie ist Gott eher das Jenseits unserer Vorstellungen. Das ist theologisch gesehen korrekt. In diesem Fall ist es besser, sich eine sogenannte Zwischenmacht vorzustellen, einen Engel oder einen Heiligen. Wie müsste ein Engel oder ein Heiliger für Sie sein, was müsste er tun, damit es Ihnen guttut und Ihre seelische Entwicklung fördert?

An dieser Stelle könnten Sie Folgendes einwenden: Hier wird aufgefordert, sich ein Bild von Gott oder von einem Engel zu suchen, aber in der Religion geht es doch immer darum, sich von einer Instanz ansprechen zu lassen, die nicht zu unserer Verfügung steht. Liegt in diesem Vorgehen nicht etwas von Beliebigkeit?

Dazu ist Folgendes zu sagen: Alle die oben genannten Vorstellungen von Gott sind nicht beliebig, sondern lehnen sich an biblische Sprachbilder an. Sie erzeugen auch nicht die Illusion, als stünde die höhere Macht in menschlicher Verfügungsgewalt. Es kann gut sein, dass die höhere Macht auf mich in einer Art und Weise wirkt, wie ich es mir nicht habe träumen lassen. Die Beschäftigung mit den wohltuenden Gottesbildern aber öffnet mir die Seele dafür, dass die höhere Macht oder Gott sich zeigen kann, wie sie oder er es will.

KLEINE GESCHICHTE

Eine Lehrerin erzählt: „Ich hatte als Kind immer wieder gehört, dass Gott keinen Streit mag, dass er mit allen Frieden hält und zu allen lieb ist. Jeder Ärger war etwas, was Gott nicht gefällt. Es war meine Mutter, die mir das so vermittelt hat. Sie war selbst sehr konfliktscheu.

Ich wurde wie meine Mutter ein schüchternes Mädchen, tüchtig, aber immer in der zweiten Reihe, ich ging immer den unteren Weg. Religiös gesehen wurde es mir so beigebracht. Später als Lehrerin konnte ich mit dieser Einstellung nicht mehr zurechtkommen. Ich nahm Therapie in Anspruch und mir wurde klar, dass es nicht nur die Gebote meiner Mutter waren, die mir im Wege standen, sondern auch meine Vorstellung von Gott. Erst als ich mir ein Bild von Gott suchte, nach dem Gott nicht nur liebevoll, sondern auch streitbar und zornig war, ging es mit meiner Spiritualität bergauf. Ich wurde freier. In der Bibel fand ich zahlreiche Aussagen über diesen streitbaren Gott, der für Gerechtigkeit und Liebe in die Auseinandersetzung geht."

ÜBUNG 19

Ich suche mir Affirmationen und wiederhole sie täglich.

ERLÄUTERUNG

Affirmationen sind kurze positive Sätze, die einem Menschen helfen, seinen Geist mit positiven Gedanken zu füllen und besser zu leben.

„Mir wächst heute so viel Kraft zu, wie ich brauche", ist zum Beispiel eine solche Affirmation. Jeder Mensch führt ständig einen inneren Dialog. Beobachten Sie einmal, welche Sätze für Ihren inneren Dialog typisch sind, und schreiben Sie diese Sätze auf. Häufig handelt es sich um negative Sätze, wie etwa: „Aus mir wird nichts." Wandeln Sie diese negativen Sätze in positive Aussagen um!

Aus dem Satz „Aus mir wird nichts" könnte zum Beispiel werden: „Gott hat ein großes Potenzial in mich hineingelegt."

Affirmationen kann man mit oder ohne religiösen Bezug formulieren. Wenn ich mir die liebevolle Wirkung einer höheren Macht oder Gottes vorstellen kann, dann ist es sinnvoll, einen religiösen Bezug in die Affirmation hineinzubringen. Affirmationen werden wirksamer, wenn sie mit einer religiösen Vorstellung verbunden sind. Diese Tatsache scheint wissenschaftlich belegt zu sein, obwohl man den Grund dafür nicht genau kennt. Vielleicht hilft der religiöse Bezug, das Ritual aufrechtzuerhalten, vielleicht ist das Denken in Ich-du-Strukturen für uns konkreter und verbindlicher als ein rein sachliches Denken. Religiöse Aussagen scheinen zudem eine andere Region des Gehirns anzusprechen als rein rationale Aussagen. So wie ein Liedtext sich tiefer einprägt als ein beliebiger Text, so werden Aussagen mit spirituellem Bezug tiefer im Denken verankert als gewöhnliche Aussagen.

Wie würden Affirmationen für Sie aussehen? Wenn Sie das Wort „Gott" verwenden und Irritation spüren, dann setzen Sie einfach einmal versuchsweise für das Wort „Gott" die Worte „das Leben" ein: „Gott hat ein großes Potenzial in mich hineingelegt." – „Das Leben hat ein großes Potenzial in mich hineingelegt." Sie müssen sich nicht ein für alle mal für das Wort „Gott" oder die Worte „das Leben" festlegen.

Schwanken Sie ruhig zwischen beiden Versionen hin und her und sammeln Sie Erfahrungen damit.

Wenn Sie Affirmationen formulieren, dann sprechen Sie mit einem Vertrauten darüber. Wenn Sie wohltuende Formulierungen gefunden haben, schreiben Sie sie sich auf Kärtchen. Die Aussagen sollten Sie jeden Tag wiederholen, bis sie für Sie zu normalen Denkmustern werden.

BEGRÜNDUNG

Leider haben viele Menschen die Angewohnheit, sich in ihrem inneren Dialog selbst herunterzuziehen. Sie sagen sich beispielsweise: „Da sieht man es mal wieder, ich bin eben so ungeschickt." Oder: „Ich bringe eben nichts zustande." Oder: „Ich bin eben so, dass mich keiner mag." Oft sind es Relikte aus unsrer Kindheit, die wir mit uns herumtragen. Aber auch spätere verletzende Erfahrungen können uns dazu gebracht haben, negativ über uns zu denken. Wir machen dann aus jedem Fehler eine Katastrophe und fordern von uns selbst, perfekt zu sein. Wir verallgemeinern Misserfolge und erklären unsere Erfolge für bedeutungslos oder schreiben sie anderen zu.

Positive Denkgewohnheiten hingegen helfen, das Leben zu bewältigen, und machen frei.

WAS GESCHEHEN KANN

Vielleicht erscheinen manche Affirmationen auf den ersten Blick ein wenig oberflächlich, ihr ständiges Wiederholen kindisch. Aber bedenken Sie, dass Sie auch Ihre negativen Denkmuster über sich selbst ständig wiederholen. Und diese negativen Denkmuster sind unter Garantie sehr viel kindischer. Eigentlich kommt es darauf an, kindliche Selbstabwertungen durch erwachsene positive Selbsteinschätzungen zu ersetzen. Darum überwinden Sie ruhig die Scheu vor neuen einfachen positiven Sätzen. Es ist völlig in Ordnung, dass Sie positiv über sich denken und das ständig wiederholen.

KLEINE GESCHICHTE

Meine Großmutter hatte ein schweres Leben, viel schwerer als ich. Sie kam aus dem Osten, musste im Zweiten Weltkrieg fliehen und dabei alles zurücklassen. Sie hatte ständig Angst um ihren Mann, der im Krieg war, und um die anderen Familienmitglieder. Einer ihrer Söhne fiel im Russlandfeldzug. Mit nichts kam sie im Westen an. Sie war eine sehr religiöse Frau. Ein Satz, den man ständig von ihr hörte, lautete: „Der Herr tut nichts als fügen." Sie bezog sich damit auf die Vorstellung, dass in all den weltgeschichtlichen und persönlichen Katastrophen doch eine heilsame Gegenwart Gottes sein musste. Dadurch schaffte sie es, in allen Katastrophen niemals den Mut zu verlieren. Sie machte sich selbst nicht in einem inneren Dialog klein und verlor sich auch nicht in durchaus berechtigter Klage, sondern sie vertraute darauf, dass der Herr, der das Leben fügt, ihr schon die richtigen Kräfte geben würde, um zurechtzukommen. Obwohl sie das Wort Affirmation mit Sicherheit nicht kannte, hatte sie doch für sich eine hochwirksame Affirmation gefunden, um ihr schweres Leben zu bewältigen.

ÜBUNG 20

Ich stärke meine Liebesfähigkeit,
indem ich denen verzeihe, die mir wehgetan haben.

ERLÄUTERUNG

Gibt es jemanden, der Ihnen gegenüber schuldig geworden ist? Haben Sie wahrgenommen, wie sehr es Sie gekränkt hat und Ihnen wehgetan hat? Können Sie dem Betreffenden verzeihen? Wenn Sie jetzt nicht verzeihen können, was müsste vorher geschehen, damit Sie es könnten?

Manche schwere Kränkungen lassen sich nicht in kurzer Zeit überwinden. Menschen leiden oft sehr lange unter ihnen. Erst durch Gespräche mit einem Dritten können sie darüber hinwegkommen. Aber auch kleine Kränkungen schmerzen. Vielleicht hat Ihnen nur jemand die Tür vor der Nase zugeschlagen. Oder jemand hat sich in der Warteschlange vorgedrängt und dabei eine freche Bemerkung gemacht. Vielleicht hat jemand eine Verabredung nicht eingehalten oder ein Versprechen nicht eingelöst und Sie hängen lassen.

Manche Menschen haben für sich ein Ritual des Verzeihens gefunden. Sie verzeihen am Abend allen, die ihnen den Tag über Kränkungen zugefügt haben. Viele Menschen tun dies in Zusammenhang mit einem Gebet: Sie bitten ihren Gott darum, verzeihen zu können. Das hat durchaus einen psycho-hygienischen Sinn, denn nur wenn ich verzeihen kann, wird meine Seele von der Kränkung befreit und ich werde wieder frei für die Ruhe der Nacht. Aber auch nicht religiösen Menschen, die keinen Gott haben, den sie um die Kraft zum Verzeihen bitten können, tut es gut, wenn sie sich in einem Ritual denjenigen, der sie gekränkt hat, noch einmal vorstellen und sich innerlich sagen: „Es ist in Ordnung. Ich verzeihe ihm beziehungsweise ihr."

BEGRÜNDUNG

Ich kann nur frei werden, wenn ich verzeihen kann. Sonst geht es mir wie Michael Kohlhaas in der Novelle von Heinrich von Kleist. Michael Kohlhaas ist ein Unrecht geschehen, er sucht Gerechtigkeit und gerät dabei mit immer mehr Leuten in Streit, sodass er am Ende selbst höchst ungerecht und gewalttätig wird.

Nicht verzeihen zu können belastet die Seele, verdirbt die Freude am Leben und macht uns aggressiv. Viele Konflikte auf der Welt könnten gelöst werden, wenn die Gegner zum Verzeihen und zur Versöhnungsarbeit bereit wären. Versöhnung ist Arbeit und bereitet Mühe. Aber das ständige Fortführen von Rachegedanken ist noch viel anstrengender und noch viel mühsamer. Durch ständige Suche nach Rache werden Konflikte verlängert und schließlich sterben deswegen nicht selten sogar Menschen. Verzeihen zu können ist nicht nur ein Teil der Nächstenliebe, der in der Verkündigung Jesu eine grundlegende Bedeutung zukommt. Verzeihen zu können und Versöhnung anzustreben ist auch einfach klug.

WAS GESCHEHEN KANN

Manche Menschen verzeihen, bevor sie überhaupt den Schmerz wahrgenommen haben. Sie überspringen den Schritt, dieses Gefühl der Kränkung wirklich zu spüren. Verständlich, denn es tut weh. Sie meinen, ein gutes Werk zu tun mit ihrer schnellen Bereitschaft zu verzeihen. Aber die nicht eingestandene Kränkung wirkt in ihnen weiter, vergiftet auf die eine oder andere Weise ihre Seele, die Kommunikation oder gar ihren Körper.

Sie brauchen Hilfe, um die Ungerechtheit erst einmal zu spüren und sich den Schmerz einzugestehen. Dann erst werden sie bereit werden, wirklich zu verzeihen und die verletzende Energie aus der Welt zu schaffen.

KLEINE GESCHICHTE

Aus der Zen-Tradition:

Eine Krähe flog mit einem Stück Fleisch im Schnabel durch die Lüfte. Da wurde sie von anderen Krähen, einer ganzen Schar, angriffen. In ihrer Not ließ sie das Fleisch los. Die Verfolger jagten nun der Beute nach und ließen die Krähe in Ruhe. Grämte sich das Tier? Nein, stattdessen sagte es sich: „Jetzt habe ich den ganzen Himmel für mich."

Einmal brannte einem Zenmönch das Haus ab. Dennoch blieb er gelassen und freundlich. Als die Dorfbewohner ihn fragten, ob er sich nicht über den Verlust des Hauses ärgerte, sagte er: „Jetzt habe ich nachts einen ungehinderten Blick auf den Mond."

Die Seele findet eine heilsame Wirklichkeit

Auf dieser dritten Vertiefungsebene geht es wieder um die vier Wachstumsbereiche Wahrnehmen, Loslassen, Gottvertrauen und Lieben und im Besonderen darum, sich mit unterschiedlichen Wirklichkeiten zu beschäftigen, symbolische Wirklichkeit anzuerkennen und die Sprache der seelischen Bilder zu reflektieren.

Ob die Seele die Wirklichkeit findet oder erfindet, wer weiß das schon? Neuere Erkenntnistheorien sprechen davon, dass die Wirklichkeit kollektiv erfunden ist. Das gilt für ganz handfeste Wirklichkeiten wie zum Beispiel das Geld. Wenn ich eine schwarze Zahl auf meinem Kontoauszug sehe, dann weiß ich, dass viele Menschen gemeinsam die Idee erfunden haben, dass ich dafür Wünsche erfüllt bekomme. Doch wenn andere Menschen nicht mehr der Meinung sind, dass die schwarzen Zahlen auf meinem Kontoauszug etwas bedeuten? Dann erfüllen sie meine Wünschen nicht mehr.

In Bezug auf die Existenz Gottes wird dieser Streit schon Jahrhunderte lang geführt: Ist Gott eine „ge"fundene oder eine „er"fundene Wirklichkeit? Ein Atheist wird behaupten, dass Gott nur eine Erfindung ist. Ein Glaubender wird immer sagen, dass er Gott als eine Wirklichkeit außerhalb der eigenen Seele „ge"funden hat. Ja mehr noch, er wird die Überzeugung vertreten, dass er von dieser Wirklichkeit „Gott" gefunden worden ist. Dieser Streit ist in der ganzen Philosophiegeschichte unlösbar geblieben. Wenn man aber davon ausgeht, dass alle Wirklichkeit individuell oder kollektiv erfunden ist, also in unserem eigenen Denken konstruiert wird, dann bildet sich ein anderes Kriterium heraus: Ist die „ge"fundene oder „er"fundene Wirklichkeit „Gott" heilsam oder nicht? Der Beitrag religiöser Vorstellungen zur Gesundheit und zur Lebensqualität ist hinreichend wissenschaftlich bewiesen. Einige Statistiken dazu sind am Ende des Buches aufgelistet.

Eine besondere Wirksamkeit haben religiöse Symbole. Depressive Menschen, denen ich in der Psychiatrie begegne, erleben es oft als große Not, wenn sie nicht beten oder vertrauen können. Menschen, die trotz schwerer psychischer Krankheit dazu noch in der Lage sind, geht es meist besser. So hatte zum Beispiel eine psychisch kranke Frau an die Raufasertapete des Aufenthaltsraums in der geschlossenen Station zwei Meter groß „Gott liebt jeden Menschen" geschrieben. Der Satz stand da wie ein Aufschrei, weil er ihr so wichtig war. Manche andere psychisch kranke und vorher religiös desinteressierte Menschen entwickeln in ihrer Krankheit eine gewisse Religiosität, fangen an, sich mit Gott zu beschäftigen, und erleben die Beschäftigung mit dem Urgrund ihres Seins als absolut notwendig, um die Wüste ihrer Krankheit durchzustehen.

Ein psychisch Kranker schreit durch die Station voller Verzweiflung den Satz: „Ihr habt Gott umgebracht!" Warum schreit er diese Worte so laut heraus? Und was wäre für ihn besser, wenn er Gott noch als präsent und lebendig erleben könnte? Viele Menschen brauchen anscheinend die Erfahrung Gottes, besonders in einer seelischen Notlage. Dazu folgende Zengeschichte:

> *Ein Mönch wohnt oben in den Bergen, ganz allein und armselig in einer Klause. Eines Tages, als der Mönch gerade unterwegs ist, steigt ein Dieb mühsam den Berg hinauf, um zu stehlen. Er findet jedoch nichts, was zu stehlen sich lohnen würde. Da kehrt der Mönch zurück, überrascht den Dieb und sagt: „Guter Mann, du kannst doch unmöglich umsonst den mühsamen Weg hier hoch gewandert sein. Nimm meine Decke, ich habe noch Wolle, ich webe mir eine neue."*
>
> *Der Dieb nimmt die Decke und geht beschämt und verwirrt davon. Der Mönch sitzt abends vor seiner Klause, schaut in den Nachthimmel und sagt: „Schade, dass ich ihm nicht das Mondlicht mitgeben konnte."*

Die Geschichte erwähnt Gott nicht direkt, auch nicht als „höhere Macht". Sie enthält versteckte andere Symbole für Gott. Was steht eigentlich für den Dieb an der Stelle, an der für einen glaubenden Menschen Gott steht? Da der Dieb nicht bewusst lebt, nicht spirituell, ist es seine Gier. Was steht für den Mönch an der Stelle, an dem das Heilige steht? Was würde er so gerne dem Dieb mitgeben, weil es wirklich satt machen kann? Können Sie verstehen, wieso er bedauert, dem Dieb nicht das Mondlicht mitgeben zu können? Wie ginge es dem Mönch ohne das Mondlicht? Was macht das Mondlicht mit ihm, dass er es gerne sitzend anschaut? Wozu befähigt das Mondlicht ihn?

Und wie ist es mit Ihnen? Ist Mondlicht für Sie eine sinnvolle Umschreibung für das tröstende, stärkende Heilige?

Welche Umschreibung, welches Bild haben Sie selbst für das Göttliche? In buddhistischer Symbolik ist das Mondlicht das Symbol für das Göttliche. Vielleicht ist es für Sie und mich nicht das richtige Symbol. Aber wir haben Zeit und Übungen genug, unsere heilsamen Wirklichkeiten zu finden.

ÜBUNG 21

Ich werde mir bewusst: Was ich wahrnehme, ist nicht die Wirklichkeit. Meine Gefühle entstehen durch meine Interpretationen, nicht durch die äußeren Sinnesreize.

ERLÄUTERUNG

Wenn Sie Ihre Wahrnehmungsübung machen, dann sagen Sie sich bei allem, was Sie sehen: „Das ist nicht die Wirklichkeit, das ist meine Interpretation, meine subjektive Sichtweise."

Wir setzen uns die Realität in unserem Gehirn zusammen. Das lässt sich sehr gut an diesem bekannten Vexierbild des Psychologen Edgar J. Rubin (1886–1951) veranschaulichen: Der eine Betrachter sieht darin zwei einander zugewandte Köpfe, der andere einen Pokal, je nachdem, was sie als Vordergrund und als Hintergrund sehen. Genauso verhält es sich mit jedem Gegenstand und jedem Teil der Realität. Es ist durchaus im Sinn heutiger konstruktivistischer Philosophie zu sagen: Dieser Stuhl ist an sich nicht wirklich. In meinem Denken mache ich ihn zu einer Wirklichkeit, die Bedeutung für mich hat. Dieses Fenster in meinem Zimmer ist eigentlich nicht wirklich. In meinem Denken mache ich es zu einem sehr wichtigen Gegenstand für mich. Dieser oder jener Mensch, der mich geärgert hat, ist eigentlich nicht wichtig, in meinem Denken und durch meine Erwartungen gebe ich ihm erst Bedeutung für mich. Dieses spirituelle Buch ist nicht real, nur durch meine Beschäftigung damit gebe ich ihm Bedeutung.

BEGRÜNDUNG

Wir können keine objektive Wirklichkeit sehen, wir sehen immer etwas in die Wirklichkeit hinein. Mein Wohnungsnachbar hat beispielsweise das Gesicht verzogen, als ich gerade die Treppe hinunterging und ihm begegnete. Wenn ich dazu neige, mich von anderen abgewertet zu fühlen, dann interpretiere ich seinen Gesichtsausdruck vielleicht so, dass er mich nicht mag. Einem anderen Menschen liegt es möglicherweise eher nahe zu denken, der Nachbar habe Zahnweh. Und der Beobachter, der selbst gerade eine Trennung hinter sich hat, denkt vielleicht: Der Nachbar hat Liebeskummer. Und noch viele weitere Interpretationen sind möglich. Es ist gut, sich bewusst zu machen, dass wir uns gedanklich selbst die Wirklichkeit zusammensetzen, in der wir dann leben. Das bedeutet nämlich, dass wir sie auch verändern können.

Beim Zusammensetzen unserer Welt blenden wir bestimmte Informationen aus und betrachten sie als irrelevant. In dem Moment, in dem ich einen Stuhl als Stuhl bezeichne, habe ich vielleicht verdrängt, dass das Sitzpolster eine wertvolle Antiquität ist und der Stuhl darum eher ein Museumsstück als ein Gebrauchsgegenstand. Meine Wahrnehmung ist einseitig, ja meine Wahrnehmung schafft erst eine einseitige Wirklichkeit. Wenn mir das bewusst ist, werde ich toleranter gegenüber anderen Wirklichkeitsdefinitionen. Dadurch erhalte ich auch den Handlungsspielraum zurück, meine eigene Konstruktion von Wirklichkeit zu verändern, bis sie für meine Handlungen brauchbarer wird. Außerdem werde ich durch diese Sicht frei, andere als meine gewohnten Gefühle mit einer Wahrnehmung zu verknüpfen.

Ein Beispiel: Vielleicht habe ich mich einmal mit einem Brotmesser geschnitten und reagiere immer ängstlich, wenn ich ein Messer sehe. Aber die Verknüpfung von Brotmesser und Angst ist keineswegs zwingend. Mir stehen ganz andere Verknüpfungen offen. Ich kann beispielsweise neben die leckersten Brotsorten immer dekorativ ein Messer legen und beginnen, dieses Messer ganz mit dem Genuss zu assoziieren. Ich kann mich darin spiegeln, wenn ich mich hübsch gemacht habe, und vieles andere mehr. Nicht das Brotmesser verursacht Angst, es ist nichts weiter als ein in bestimmter Weise geformter Gegenstand. Meine gedanklichen Verknüpfungen und Interpretationen bereiten Angst. Darum auch ist die Angst verlernbar.

Merkwürdig, dass manche Menschen so hartnäckig an einer Weltsicht festhalten, die ihnen schlechte Gefühle beschert. Welchen Vorteil hat ein Mensch von seinem Unglücklichsein? Will er einer möglichen Enttäuschung vorbeugen, indem er sich von vorne herein alles negativ ausmalt? Sucht er Aufmerksamkeit und Mitleid bei seinen Mitmenschen? Jedenfalls tut sich selbst weh, wer hartnäckig in einer negativen Sicht der Wirklichkeit verharrt. Andere haben das Talent, sich fast immer und überall durch ihre Assoziationen und Verknüpfungen eine Welt aufzubauen, die ihnen guttut und heilsame Energien schenkt.

WAS GESCHEHEN KANN

Es mag sein, dass diese Übung Sie zunächst befremdet. Es fällt schwer zu denken: Der Stuhl ist nicht wirklich, ich mache ihn erst durch meine Wahrnehmung und Interpretation zu einem Stuhl. Es braucht vielleicht ein wenig Zeit, bis Sie die Leichtigkeit nachempfinden können, die durch dieses Denken in Ihr Leben kommen kann. Wenn Sie aber diese Leichtigkeit spüren, müssen Sie eine Wahrheit nicht mehr verbissen verteidigen, sei es eine weltanschauliche, eine proreligiöse oder eine antireligiöse.

KLEINE GESCHICHTE

„Gott kann es nicht geben", sagt ein junger Mann einem Pfarrer. „Denn dann dürfte es kein Leid und keine Ungerechtigkeit mehr auf der Welt geben, dann müsste es allen guten Menschen gut gehen. Gott ist absolute Gerechtigkeit."

„Vielleicht", antwortet der Pfarrer, „gibt es diesen Gott wirklich nicht, von dem du dir dieses Bild zurechtgelegt hast."

„Gott muss es geben", sagt eine junge Frau demselben Pfarrer, „sonst hätte ich mich schon längst umgebracht. Ich stand schon so oft davor und dachte: Es stört doch keinen Menschen, wenn du nicht mehr da bist, im Gegenteil, alle atmen auf. Aber irgendetwas hat mich gehindert, den letzten Schritt zu tun. Darum glaube ich, dass es irgendetwas Göttliches gibt. Etwas, was mich am Leben hält."

„Für dich", antwortet der Pfarrer, „gibt es diesen Gott wirklich. Es ist der Urquell deines Lebens."

ÜBUNG 22

Ich mache mir bewusst, dass alles auch ganz anders
sein kann, als ich es wahrnehme.
Es gibt immer mehrere Möglichkeiten.

ERLÄUTERUNG

Jetzt geht es darum, den täglichen Wahrnehmungsritualen noch etwas hinzuzufügen, den Gedanken nämlich, dass alles auch anders sein kann, als ich wahrzunehmen meine. Führen Sie Ihre tägliche Meditation ganz normal weiter und machen Sie sich zusätzlich bewusst, dass Ihre Sicht der Dinge nicht die einzig mögliche ist.

Sie haben zum Beispiel jemanden eingeladen. Eine Viertelstunde nach der verabredeten Zeit ist Ihr Besuch noch nicht da. Typisch, denken Sie, immer unzuverlässig. Oder: Dem Besuch bin ich eben nicht wichtig. Das sind mögliche Deutungen des Geschehens. Wahrscheinlich sind Sie nicht sehr froh, wenn Sie die Verspätung so deuten. Aber neben diesen Interpretationen gibt es mindestens noch fünf andere Möglichkeiten: Der Betreffende hat die Uhrzeit falsch notiert, Sie selbst haben sich die falsche Uhrzeit gemerkt, die Kommunikation über den Ort war nicht eindeutig. Der Besuch steckt in einem Verkehrsstau, er hat eine schlechte Nachricht bekommen und ist mit Schadensbegrenzung beschäftigt oder vieles andere mehr.

Legen Sie sich für alles, was Ihnen begegnet, mehrere Deutungsmöglichkeiten zurecht. Die Zahl der Möglichkeiten zu vermehren ist geradezu eine Voraussetzung, glücklicher zu werden.

So verständlich es ist, dass wir recht haben wollen – vielleicht ist Rechthaben oder Unrechthaben überhaupt keine

Kategorie, die im Zusammenhang mit unserem spirituellen Weg von Belang ist.

BEGRÜNDUNG

Alles kann auch anders sein: Das ist vielleicht ein irritierender Gedanke, aber ein hilfreicher. Denn wenn alles auch anders sein kann, habe ich die Freiheit auszuwählen. Nicht das, was mir zuerst in den Sinn kommt, ist die endgültige Wahrheit. Es gibt immer andere Möglichkeiten.

Diese erkenntnistheoretische Einsicht entspricht der Art, wie neue Philosophen und Linguisten unsere Beziehung zur Wirklichkeit beschreiben. Die Skepsis gegenüber der einen absoluten Wahrheit, zu der man rein durch Denken gelangt, ist vielfach greifbar. Wirklichkeit ist dem Wortsinne nach das, was wirkt. Ein naturwissenschaftliches Konstrukt kann für die Lebensführung unwirksam sein, auch wenn es in einem physikalischen Versuch darstellbar ist. Dann ist diese naturwissenschaftliche Einsicht im Sinne der Definition nicht wirklich. Umgekehrt kann eine symbolische Aussage in der Seele eines Menschen sehr große Wirksamkeit entfalten und sehr „wirklich" sein, ohne doch objektivierbar und beweisbar zu sein. Kommt es auf dem spirituellen Weg zunächst darauf an, von Stress und Denken in die Wahrnehmung zu kommen, so ist jetzt von Bedeutung, sich der Beschränktheit all unserer Wahrnehmungen und Deutungen bewusst zu werden. Darin liegt Bescheidenheit, darin liegt Toleranz, darin liegt Freiheit.

WAS GESCHEHEN KANN

Wenn Sie sich in diesem mehrgleisigen Denken üben, werden Sie vielleicht zunächst vorsichtiger. Sie werden nicht mehr so schnell über andere Menschen urteilen, Sie werden in Diskussionen nicht mehr ganz so unbefangen Ihre Meinung als die allein seligmachende verbreiten. Sie werden nachdenklicher erscheinen. Aber das ist kein Fehler. Diese Nachdenklichkeit wird Ihnen eher Sympathie eintragen als Ablehnung. Sie werden als Gesprächspartner eher beliebter werden.

KLEINE GESCHICHTE

Eine Reisegruppe machte eine Höhlenbesichtigung. Sie wurde durch Tropfsteingänge gefühlt, vorbei an interessanten Stalagmiten und Stalaktiten. Dann gelangten sie in einen größeren unterirdischen Raum. Im Höhlenboden war ein großes Los zu erkennen. Der Blick fiel einige Meter hinunter in einen anderen Gang. Der Führer warnte die Reisenden, ja nicht zu nah an das Loch zu treten, damit keiner hinunterfiele. Alle standen stauend vor dieser unterirdischen Etagenöffnung. Plötzlich nahm der Führer einen Stein und warf ihn in die Öffnung. Und damit war alles anders. Auf einmal erblickten die Reisenden Wasser und Wellen. Was als Öffnung erschienen war, war nichts als eine spiegelglatte Wasserfläche. Der anscheinend tiefere Boden der unteren Ebene war nichts als die Spiegelung der Decke über der Gruppe. Jetzt war das Wasser bewegt und zu sehen war nur noch ein flacher unterirdischer Teich. Es bestand keinerlei Gefahr, in eine tiefere Etage zu fallen. Alle hatten nur in einen Spiegel gesehen. Selbst bei einer Wahrnehmung, die so eindeutig erscheint, gibt es immer mehrere Möglichkeiten.

Jesus hat die Menschen seiner Zeit irritiert. Er beschreibt, was um ihn herum passiert: Blinde sehen, Lahme gehen, Arme erfahren reichen Segen. Und er fügt hinzu: Selig ist, wer sich nicht an mir ärgert (Matthäus 11,6). Also mit neueren Worten: Glücklich, der sich irritieren lässt und sein Herz öffnet für Wahrheiten, an die er bisher nicht gedacht hat.

ÜBUNG 23

Ich sage mir täglich,
dass ich die Kontrolle nicht benötige.

ERLÄUTERUNG

Wenn ich mir selbst in meinem Denken meine Welt zusammenstelle, dann kann ich mir gedanklich eine bedrohliche Welt aufbauen. In ihr kann ich nur leben, wenn ich alles unter Kontrolle habe, weil eben alles so bedrohlich ist. Ich kann mir aber auch eine Welt denken, durchflutet von positiven Mächten, geschützt von Engeln, die ja auch nichts anders sind als Symbole positiver Mächte. In dieser Welt werde ich kaum Kontrolle benötigen, sondern bin frei zu atmen.

Denken Sie sich in dieser Übung eine Welt, in der Sie wenig Kontrolle brauchen. Machen Sie sich zunächst die Beziehungen und Bereiche bewusst, in denen Sie im Moment noch viel Kontrolle ausüben. Schreiben Sie sich zu jedem der Bereiche, in denen Sie stark kontrollieren, kleine entlastende Botschaften: Ich brauche ... nicht zu kontrollieren. Hilfreich ist auch dieser Satz: Es wird alles gut, auch ohne meine Kontrolle.

BEGRÜNDUNG

Wir benötigen viel weniger Kontrolle, als wir meinen. So sind demokratische Gesellschaften zum Beispiel weniger kontrolliert als Diktaturen und entwickeln sich doch viel positiver und lebendiger. Sie sind auch wirtschaftlich erfolgreicher. Systeme, die ein gewisses Maß an Improvisation und damit auch Fehler zulassen, sind erfolgreicher als streng durchkontrollierte Systeme. Flexible Systeme sind erfolgreich, wenn sie Mechanismen haben, um mit diesen Fehlern umzugehen, möglichen Schaden zu begrenzen, aber auch möglichen Fortschritt durch überraschende Handlungen zu würdigen. Manche Innovationen waren eigentlich „Fehlleistungen". Das ganze Leben auf dieser Erde wäre nicht so erfolgreich und nicht so vielfältig, wenn nicht „Fehler" bei der Entwicklung zugelassen würden. Manchmal sind „Fehler" der Beginn neuer hervorragender Entdeckungen.

Sie benötigen auch keine Kontrolle durch eine Autoritätsperson. Oft machen wir uns unglücklich, weil wir meinen, die Kontrolle zu behalten, wenn wir uns an das halten, was eine von uns gewählte Autoritätsperson vorschreibt. Als solche dienen zudem oft falsche Autoritäten, die von dem, worum es uns geht, gar keine Ahnung haben oder sogar ihre eigenen Interessen verfolgen. Ein Beispiel: In meiner Autoritätsabhängigkeit verhalte ich mich so, als ob das, was mein Nachbar über meinen neuen Wagen denkt, wichtiger wäre als das, was ich selbst meine! Es wird immer Menschen geben, denen mein neuer Wagen gefällt, und andere, denen er nicht gefällt. Ich kann und brauche die Meinung meines Nachbarn nicht zu kontrollieren.

WAS GESCHEHEN KANN

Vielleicht ist es in manchem Bereich schwer, sich das zu sagen: Es ist nicht notwendig, dass ich Kontrolle ausübe. Es wird alles gut. Wenn es zu Beispiel um die Krankheit eines Familienangehörigen geht, dann möchte man aus verständlichen Gründen alles unter Kontrolle haben.

Aber auch dort ist das meist nicht möglich. Ja in dem Versuch der Kontrolle nehmen wir mögliche negative Entwicklungen vorweg und verstärken nur unsere Angst. Auch hier gilt: Es ist nicht notwendig, dass wir die weitere Entwicklung der Krebserkrankung unseres Familienangehörigen unter Kontrolle haben. Es wird uns zur rechten Zeit die Kraft zuwachsen, das Richtige zu tun. Es wird alles gut werden.

Ein Jazztrompeter erzählt: „Meine Musik wurde erst richtig schön, als ich die Kontrolle aufgab. Ich hatte früher immer sehr kontrolliert gespielt, nach Noten, mit Lautstärkezeichen zwischen den Notenzeilen, manchmal sogar mit einem Metronom. Aber als ich das aufgab und mich durch den Strom der Melodien treiben ließ, wurde meine Musik interessant. Manchmal staune ich selbst darüber, welche Töne zu anderen passen, manchmal verspiele ich mich, erzeuge Klänge, die ich gar nicht wollte und die sich doch wunderbar zu einem Ganzen verbinden. Manchmal ist es auch schief, was ich spiele, aber auch das Schiefe hat seinen Reiz, vor allem wenn es sich in etwas Geradem wieder auflöst. Was wäre Pisa ohne seinen schiefen Turm? Manche neuen musikalischen Ideen habe ich gefunden, als ich die Trompete rein aus dem Gefühl gespielt habe. Ich möchte nicht mehr kontrolliert spielen, sondern lebendig. Soll der Geist der Musik mich leiten!"

ÜBUNG 24

Ich nehme die Leere wahr, die sich in meiner Seele ausbreitet, und spüre dankbar, wie meine Seele sich mit neuen Gedanken füllt.

ERLÄUTERUNG

Durch die täglichen Meditationsübungen werden Sie vielleicht schon das eine oder andere Mal diese Leere gespürt haben. Wenn Sie gelassene Leere spüren, dann begrüßen Sie das Gefühl. Es ist ein Zeichen Ihrer spirituellen Reifung.

BEGRÜNDUNG

Man kann nicht immer nur auf etwas aus sein, sich immer nur für etwas abrackern. Ein Motor unter ständiger Höchstbelastung läuft sich heiß. Nach buddhistischer Philosophie verhindert der Zustand gelassener Leere die sich immer wiederholenden leidvollen Wiedergeburten. Jesus mag zu dieser Gelassenheit gekommen sein, als er im Garten Gethsemane im Bewusstsein seines unmittelbar bevorstehenden Todes seine Angst überwinden und beten konnte: Nicht wie ich will, sondern dein Wille geschehe (Markus 14,36).

WAS GESCHEHEN KANN

Möglicherweise empfinden Sie diese Leere zunächst als unangenehm, als Langeweile. Die meisten Menschen wollen dann ganz schnell etwas tun, den Fernseher einschalten oder irgendetwas Ähnliches. Wenn Sie diese Leere als sehr unangenehm empfinden, ist es vielleicht gut, sie mit Gedanken dieses Buches oder anderen meditativen Gedanken zu füllen. Doch nach einer gewissen Zeit werden Sie merken, dass Sie das gar nicht nötig haben, denn in Ihnen selbst ist so viel Interessantes, dass Sie gar keine Abwechslung von außen benötigen.

KLEINE GESCHICHTE

Menschen auf der Suche nach dem richtigen Leben kamen zu einem Meditationsmeister. „Welchen Sinn hat die Stille, die du uns nahelegst?", fragten sie. „Wenn wir uns nicht dauernd beschäftigen, dann spüren wir eine gewisse Stille und Leere in uns und wir wissen nicht, wozu das gut ist." Der Meister hatte gerade an einem Brunnen Wasser geschöpft und forderte die Besucher auf, in den Brunnen zu sehen. „Was seht ihr?" „Nichts." „Dann wartet eine Weile."

Nach einigen Minuten forderte er sie wiederum auf, in den Brunnen hineinzusehen. „Was seht ihr jetzt?" „Das Wasser ist still geworden, wir sehen wie in einem Spiegel uns selbst." „Das ist der Sinn der Stille."

Einmal bat Elia, dass Gott sich ihm zeige. Es kam ein Sturm, der die Berge zerriss und Felsen zerbrach. Aber Gott war nicht in dem Sturm. Es kam ein Erdbeben, doch Gott war nicht in dem Erdbeben. Nach dem Beben kam ein Feuer. Doch Gott war nicht in dem Feuer. Nach dem Feuer kam ein sanftes, leises Säuseln. Als Elia das hörte, hüllte er sein Gesicht in den Mantel. Er spürte die Gegenwart Gottes (1. Könige 19,9-13).

ÜBUNG 25

Es geht nicht um mich.

ERLÄUTERUNG

Durch meine täglichen Übungen erreiche ich eine Fantasie und ein Erleben der besonderen Art. Ich werde mir bewusst, dass es gar nicht um mich geht. Meine Ich-Grenzen werden durchlässig. Etwas Größeres wirkt durch mich hindurch. Ein bildender Künstler sieht sich in solchen Augenblicken vielleicht als das Werkzeug seiner Muse, die durch ihn hindurch etwas Neues schafft. Ein Vater oder eine Mutter fühlt sich als Werkzeuge des Lebens, das durch sie hindurch ein Kind zum Leben bringt. Ein Tänzer wird vielleicht spüren: Eigentlich tanze nicht ich, sondern etwas tanzt und ich bin nur das Ausdrucksmittel dafür. Nehmen Sie sich in ihrer täglichen Übung der Stille die Zeit, ein für Sie passendes Sprachbild zu finden. Was ist das für Sie richtige Bild für diese Aufhebung Ihrer Ich-Grenzen, für dieses Durchlässigwerden?

BEGRÜNDUNG

In der Entwicklung spirituellen Bewusstseins wird vielen Suchenden klar: Es geht nicht um mich. Mein Ich und meine Bedürfnisse sind eigentlich nicht das Wichtige. Aber wenn es nicht um das Ich geht, worum geht es dann? Der spirituell Suchende, der Mystiker spürt dies andere, um das es geht, aber er kann es nicht in Worte kleiden oder doch nur sehr unzureichend. Es gleicht einer Kraft der Liebe, die durch ihn hindurch wirkt. Viele Suchende spüren ein universelles Bewusstsein und erfahren sich selbst einfach als Teil davon. Das ist die „unio mystica", das Verschmelzen mit den Kräften des Seins, ein Nichtgetrenntsein. Es geht um das Sein selbst, wie manche Philosophen sagen.

WAS GESCHEHEN KANN

In einem Meditierenden kommt ein tiefes Glücksgefühl auf, wenn er diesen Punkt erreicht und sich durchdrungen fühlt von der Macht der Liebe. Niemand jedoch kann diese Erfahrung herbeizwingen, sie kommt vielleicht gerade dann, wenn man nicht mehr versucht, sie zu erreichen. Viele angestrengt Meditierende erlangen diesen Zustand seliger Verschmelzung nicht, vielleicht gerade weil sie sich so stark darum bemühen und sich anstrengen. Anderen wird diese Verschmelzung immer wieder einmal für einige Augenblicke zuteil, ohne dass sie nach ihr gefragt haben. Wir sind und bleiben in spiritueller Hinsicht immer Beschenkte, wir werden nie zu Machern unserer spirituellen Entwicklung. Das einzige, was wir tun können, ist, Freiraum zu schaffen, damit diese göttliche Kraft uns berühren kann.

Und Freiraum schaffen heißt, die Seele nicht ständig auf andere Weise zu betäuben.

KLEINE GESCHICHTE

Es gibt ganz unterschiedliche Möglichkeiten, diese mystische Erfahrung zu beschreiben. Der Apostel Paulus sagt: „Ich lebe, doch nun nicht ich, sondern Christus in mir" (Galater 2,10). Moderner könnte man sagen: Mein Ich ist durchlässig für das, was das Leben selbst durch mich sagen will.

Der Mülheimer Mystiker Gerhard Tersteegen versucht es in einem seiner Lieder so zu umschreiben: „Ich will, anstatt an mich zu denken, ins Meer der Liebe mich versenken."

Um diese Erfahrung der „unio mystica" zu umschreiben, sagt eine Sängerin: „Ich singe, aber eigentlich singt es in mir und durch mich hindurch. Das Lied will durch mich ins Leben kommen."

Ein Schriftsteller meint: „Ich musste schreiben, weil meine Geschichte ans Tageslicht kommen wollte. Ich habe meine Geschichte nicht erfunden, sie war schon vorher da. Sie benutzt mich, um wirklich zu werden."

Und ein Jogger berichtet: „Ab einem bestimmten Punkt laufe nicht mehr ich, sondern es läuft mich. Ich spüre nur noch das Glück, mit dieser Energiequelle verbunden zu sein."

ÜBUNG 26

Alles Lebendige ist miteinander verbunden.
Das Wohlergehen anderer kehrt als positive
Energie zu mir zurück.

ERLÄUTERUNG

Sie haben sich Stille gegönnt. Sie haben achtsame Wahrnehmung geübt. Sie haben vieles losgelassen, was Sie sonst
stark in Beschlag genommen hat. Sie haben sich eine Vorstellung von einer liebevollen höheren Macht gesucht. Sie
haben hoffentlich auf Ihrem meditativen Weg immer wieder
einmal tiefe Freude am Dasein empfunden. Ihnen ist vielleicht bewusst geworden, wie vieles Ihnen geschenkt worden ist. Eventuell machen Sie in Ihren Zeiten der Stille auch
diese Erfahrung: Sie denken an Menschen, deren Krankheit
oder deren Schicksal Sie besonders mitnimmt. Sie sind schon
darüber hinaus, das Wohlergehen anderer kontrollieren zu
wollen. Aber Sie fühlen sich doch mit ihnen verbunden. Vielleicht fallen Ihnen ganz konkrete Dinge ein, die Sie für den
andern tun können. Womöglich merken Sie auf einmal: Da
kann ich mit meinem guten Rat oder meiner helfenden Hand,
vielleicht auch mit Zeit und Geld konkret helfen.

Alles Lebendige ist miteinander verbunden. Gutes, das
Sie einem anderen tun, kommt mit Sicherheit zu Ihnen zurück. Auch das ist eine spirituelle Erfahrung.

BEGRÜNDUNG

Menschen, die nur ihr Ego sehen, denken oft in einer Art
Nullsummenlogik. Das Wohlergehen des einen kann immer
nur auf Kosten des anderen vorhanden sein. Der Kuchen ist

begrenzt und man kann nur ein angemessen großes Stück bekommen, indem man anderen etwas wegnimmt. Doch das Leben ist nicht so. Den Blick zu haben auf das Wohlergehen anderer mindert meistens nicht das eigene Glück, sondern fördert es.

In einer Partnerschaft geht es dem einen Partner nur dann wirklich gut, wenn es auch dem anderen gut geht. Wenn ein Partner schwer leidet, ist der andere mit betroffen. Der Mensch hat die wunderbare Fähigkeit, sich in die Denkweise und die Seele eines anderen hineinzuversetzen. Darum kann er auch Frieden stiften. Ohne eine Sensibilität für die Bedürfnisse der anderen hat noch niemand Frieden bewirkt. Nelson Mandela konnte nach seiner langen Haft nur durch Einfühlung in die Situation der Weißen einen friedlichen Abschied von der südafrikanischen Rassentrennung erreichen. Er verzichtete auf Rache und gründete gemeinsam mit den Weißen die Wahrheitskomitees. Er war weit entfernt von der Vorstellung, den Schwarzen könnte es auf Kosten der Weißen gut gehen. Er wusste von der tiefen Verbundenheit alles Lebendigen. Es sind meist tief spirituell verankerte Menschen wie Mahatma Gandhi oder Nelson Mandela, denen dieses Mitfühlen hilft, Frieden zu stiften. Ihre Spiritualität ist stärker als Hass und Rachegedanken.

WAS GESCHEHEN KANN

Diese Übung wie auch das Gebot christlicher Nächstenliebe birgt eine Gefahr: Sie kann als Begründung für das eigene Unglück missbraucht werden. So mögen sich viele Menschen selbst keine Entspannung und kein Glück gönnen, solange ein Kind auf der Welt hungert oder ein Flüchtling Unrecht leidet. Mitleiden, eigentlich eine hervorragende spirituelle Fähigkeit, wird dann zu einer Art Zwang, zu einer Obsession. Wenn Sie in dieser Gefahr sind, dann denken Sie daran, dass auch ihr Glück ansteckend ist. Nichts auf der Welt wird besser, wenn sie unglücklich sind. Aber manches wird besser, wenn Sie glücklich sind und Glück ausstrahlen, indem sie sich zum Beispiel aus ihrer Freude und Ihrem inneren Reichtum heraus für andere engagieren.

 KLEINE GESCHICHTE

Liebe deinen Nächsten wie dich selbst, sagt Jesus. Man könnte den Satz abwandeln: Liebe deinen Nächsten, denn er ist wie du. Liebe deinen Nächsten, denn er ist mit dir verbunden. Dass Menschen manchmal über große Distanzen und ohne direkte Kommunikation miteinander seelisch verbunden sind, dafür gibt es viele Hinweise. Ein Partner spürt zum Beispiel oft über Kontinente hinweg, wenn dem anderen irgendetwas zugestoßen ist. Aus der Chaos-Theorie stammt die Vorstellung, dass der Flügelschlag eines Schmetterlings in Südasien bei der richtigen Wetterlage und den richtigen Bedingungen einen Wirbelsturm in der Karibik auslösen kann. So sehr ist alles miteinander verbunden.

ÜBUNG 27

Gott ist immer noch anders als alle Bilder von ihm, die die Seele eines Menschen erdacht hat oder andere Menschen ihr aufgedrückt haben.

In dieser Übung kehren Sie wieder zu Ihrer Vorstellung von Gott zurück. Unabhängig davon, ob Sie an Gott glauben oder nicht, haben Sie mit Sicherheit bestimmte Vorstellungen von ihm. Hoffentlich konnten Sie sich schon von Gottesbildern trennen, die Ihnen nicht guttun, und heilsame Vorstellungen finden. Machen Sie sich nun bewusst: Gott ist immer wieder anders als unsere Vorstellungen von ihm. Das ist der eigentliche Sinn des biblischen Gebotes: Du sollst dir kein Bildnis von Gott machen. Gott oder die höhere Macht ist nicht festgelegt, sie hält immer noch und immer wieder eine Überraschung für uns bereit.

Dieser Gedanke ist tröstlich: Denn ganz gleich, in welche Situation wir kommen – Gott wird sich selbst immer wieder als Lebenskraft erweisen. Er wird da sein. So nennt Gott sich in der Bibel selbst: „Ich werde da sein." Wie, das wissen wir vorher nicht.

Die Bibel selbst enthält ganz unterschiedliche Gottesvorstellungen. Da gibt es den unnahbaren, total jenseitigen Gott, der in einem Licht wohnt, in das niemand gelangen kann. Da gibt es Gott als die leise rufende Stimme in der Nacht. Da gibt es Gott, vorgestellt wie eine menschliche Gestalt, mit der man ringen und kämpfen kann, um zu seinem Recht zu kommen. Da gibt es Gott, der hegt und pflegt und tröstet, wie dies eine Mutter tut. Da gibt es Gott, der mit großem Prunk und großer Erhabenheit, umgeben von Dienern und Kämpfern, in einem himmlischen Thronsaal sitzt und mit seinem Wort Macht ausübt. Da gibt es die Vorstellung von Gott als einer sanften Energie und auch von dem, dessen Worte einem erschreckenden Donner gleichen. Da gibt es

Gott als das Feuer in einem Dornbusch, der brennt und doch nicht verbrennt, und viele andere Gottesbilder mehr.

Für Menschen in unterschiedlichen Situationen sind unterschiedliche Vorstellungen von Gott hilfreich. Oder anders gesagt: Die Wirklichkeit Gottes spricht zu Menschen in unterschiedlichen Situationen durch unterschiedliche Bilder. Das war schon immer so.

WAS GESCHEHEN KANN

Manche Menschen setzen die Vielfalt der Gottesbilder mit Beliebigkeit gleich. Doch die Fülle der Bilder von Gott ist bereits in der Bibel und in der religiösen Tradition angelegt und kein Zeichen dafür, dass man etwa die religiöse Tradition verlässt. Welche Vorstellung von Gott stärkt heute Ihr Vertrauen? Können Sie sich trotzdem vorstellen, dass Gott auch noch ganz anders ist?

KLEINE GESCHICHTE

„Ist Gott eher gerecht oder eher liebevoll und barmherzig zu den Menschen?", wurde ein Meditierender gefragt. „Weder noch."

„Ist Gott eher weiblich oder eher männlich?" „Weder noch." „Aber ist Gott leicht oder schwer zu finden?" „Weder noch."

„Warum sagst du immer: weder noch?" „Weil Gott gar nicht so ist. Er ist ganz anders. Er ist immer überraschend." „Dann kann man also gar nichts über Gott aussagen?" „Nur wenn er will. Aber ich kann dir eine Frage stellen", antwortete der Meditierende. „Was glaubst du? Wenn Gott sich dir heute zeigen wollte in einer Art und Weise, die dir in deiner speziellen Situation guttut, welche Form der Erscheinung würde er wählen?"

ÜBUNG 28

Wenn es mir schwerfällt, an eine liebevolle höhere Macht
zu glauben, tue ich für einige Tage so,
als könnte ich daran glauben, und beobachte den
Unterschied.

ERLÄUTERUNG

Bisher ist es völlig offen, ob Sie sich als Atheist oder als gläubiger Mensch betrachten. Diese Anleitung sollte für beide Gruppen nachvollziehbar sein.

Jetzt werden Sie zu einem Experiment eingeladen. Vielleicht haben Sie ja eine Vorstellung von einem liebevollen Gott oder einer liebevollen höheren Macht für sich persönlich gefunden, unabhängig davon, ob Sie daran glauben können oder nicht. Wenn Sie nicht daran glauben können, tun Sie für einige Tage so, als ob Sie es dennoch könnten. Was würde sich dann für Sie verändern? Wie würde Ihr Weltbild aussehen, wenn es diese liebevolle Instanz gäbe? Würden Sie etwas anders machen als vorher? Welche Sorgen hätten Sie dann nicht mehr? Wofür würden Sie sich dann mehr Zeit nehmen? Vertiefen Sie sich einmal für einige Minuten während ihrer täglichen Meditation in diesen Gedanken: Was würde sich für mich verändern, wenn ich einer liebevollen höheren Macht vertrauen könnte?

BEGRÜNDUNG

Ein Mensch, der sich für einige Tage darauf einlassen kann, so zu tun, als ob er ein Nichtraucher wäre, wird wahrscheinlich zum Nichtraucher. Ein Mensch, der sich für ein paar Tage darauf einlassen kann, so zu tun, als ob er selbstbewusst und sicher in seinem Auftreten wäre, wird wahrscheinlich selbstbewusst und sicher. In dem „als ob" liegt eine große Chance.

WAS GESCHEHEN KANN

Manche Menschen bremsen sich selbst, indem sie sich einreden, es sei ehrenrührig, so zu tun „als ob". Das kann zutreffen, wenn es bei dem „als ob" darum geht, anderen Menschen zu schaden, ihnen zum Beispiel einzureden, dass man es gut mit ihnen meint, um ihnen dann doch nur das Geld aus der Tasche zu ziehen. Aber wenn es um die persönliche Entwicklung geht, ist das „Tun als ob" keineswegs ehrenrührig, sondern eine gute Motivation, das Leben einmal anders zu nehmen.

KLEINE GESCHICHTE

Von einem bekannten Physiker, der sich als Atheist verstand, wird folgende Geschichte erzählt: Ein Freund hatte ihm ein Kreuz geschenkt und er hatte es an gut sichtbarer Stelle an seiner Wohnzimmerwand aufgehängt. Als er darauf angesprochen wurde, warum er als Atheist ein Kreuz in seinem Zimmer habe, antwortete er: „Ich glaube zwar nicht an das Kreuz, aber man hat mir gesagt, es wirkt auch, wenn ich nicht dran glaube."

War dieser Physiker ein Heuchler, nur scheinbar Atheist? Oder war er ein Humorist, der seine eigene Position nicht hundertprozentig ernst nehmen konnte? Oder war er einfach zwischen Gottvertrauen und rationalistischer Gottesablehnung hin und her gerissen, wie so viele Menschen?

ÜBUNG 29

Ich lerne, meinen eigenen heilsamen Bildern von Gott zu
vert rauen und sie in der biblischen Tradition wiederzufin-
den.

ERLÄUTERUNG

Wenn Sie wenigstens ungefähr wissen, welche Vorstellung
von Gott Ihnen guttut, dann stellt sich folgende Frage: Ist
diese Vorstellung nur Ihre Privatmeinung oder entspricht sie
alter religiöser Tradition? Denken Sie einmal darüber nach,
welche traditionellen religiösen Vorstellungen Ihrem Gottesbild nahe kommen. Oder sprechen Sie mit einem in religiöser
Literatur Erfahrenen darüber, wie Ihre Gedanken in die Tradition religiöser Weisheit einzuordnen sind.

BEGRÜNDUNG

Was uralt ist, hat für Sie vielleicht mehr Autorität als das, was
Sie Ihrer Meinung nach selbst erdacht haben. Wenn für Sie
heilsame spirituelle Entwicklungen in Gang kommen sollen,
tut ihnen dann die Vorstellung gut, dass es sich um alte religiöse Tradition handelt?

WAS GESCHEHEN KANN

Die Beschäftigung mit der biblischen Tradition kann zu Frus-
tration führen, weil sich biblische Aussagen und Bilder oft
hinter einer sehr altmodischen und heute kam mehr verständlichen Sprache verstecken.

Dann kann es nützlich sein, sich einen Kreis von Bibel-
lesenden zu suchen, denen es um ein Verstehen geht, nicht
um Mission oder Indoktrination. Auch psychologische und

psychoanalytische Interpretationen biblischer Vorstellungen sind eine spannende Lektüre. Lassen Sie sich nicht zu schnell abschrecken, sondern suchen Sie Unterstützung bei Ihrem Bemühen, sich der religiösen und speziell der christlichen Tradition anzunähern.

KLEINE GESCHICHTE

Eine Lehrerin erzählt: „Als ich anfing, in der Bibel zu schmökern ohne den Druck, alles verstehen oder gar daran glauben zu müssen, entdeckte ich auf einmal, welche Fülle von Schätzen sie enthält. Die Bibel gleicht einem ganzen Medikamentenschrank gegen die verschiedensten Probleme: gegen Einsamkeit oder Schuldgefühle, gegen Angst oder Sinnlosigkeit. Auch heute noch verstehe ich vieles darin nicht und manches lehne ich ab, doch immer mehr fasziniert mich das Paradoxe in den biblischen Erzählungen. In der Bibel wird extrem widersprüchlich von Gott gesprochen: Gott als Kind, das schutzlos auf die Welt kommt; Gott als Beherrscher von allem, der sich doch auf Mitleid einlässt; Gottes Sohn, der durch den Tod hindurch erst richtig das Leben gefunden und verwirklicht hat; Gott, der gegen seine eigenen Gebote verstößt, indem sein Sohn zum Beispiel am Sabbat heilt, was damals religiös verboten war. Man kann von Gott nicht widerspruchsfrei erzählen und, Hand aufs Herz, vom Leben selbst auch nicht. Ich glaube, es gibt keinen Menschen, dessen Leben nicht von Paradoxie berührt ist."

ÜBUNG 30

*Ich suche mir konkrete Bilder für die universale Liebe, die
mich persönlich ansprechen.*

ERLÄUTERUNG

Mit universaler Liebe ist die Liebe gemeint, die größer ist als
Sie selbst, also nicht eine Liebe, die Sie zu leisten haben, indem sie gut zu anderen Menschen sind, sondern eine Liebe, die wie eine universale Strömung außerhalb von Ihnen
vorhanden ist. Ihre Aufgabe besteht lediglich darin, Kontakt
zu finden zu dieser universalen Strömung. Damit ist etwas
Ähnliches gemeint wie in dem Schlagertext: „Kinder der Liebe sind wir alle auf der Welt, ob wir nun arm sind oder reich,
im Anfang sind wir alle gleich."

Haben Sie eine Erfahrung, ein Sprachbild, in der oder
dem sich für Sie universale Liebe besonders konkretisiert? Ist
es das Bild der Sonne oder des Lichts, das voraussetzungslos
leuchtet? Ist es das Bild eines Menschen, der ihnen einmal
begegnet ist und der besonders liebevoll war? Oder ist es ein
völlig anderes Bild? Finden Sie Ihr Sprachbild, Ihre Vorstellung davon, wie sich universale Liebe symbolisiert.

BEGRÜNDUNG

Von einer konkreten Vorstellung universaler Liebe kann
man in kalten Tagen leben. Wie Frederik, die Maus, in der
bekannten Kindergeschichte Farben sammelt für die kalten
Wintertage, so suchen Sie sich etwas, was Sie wärmt.

WAS GESCHEHEN KANN

Wenn Sie Bilder für die Liebe suchen und mit Kirche in Berührung kommen, stoßen Sie nicht selten auf folgende Meinung: Gottes Liebe zu den Menschen zeigt sich darin, dass er seinen Sohn geopfert und für die Menschen in den Tod gegeben hat. Vielleicht können Sie mit dieser Vorstellung wenig anfangen und Sie gehören zu den Menschen, die dieses Opfer eher abschreckt, statt zu befreien. Was für ein grausamer Gott, denken Sie vielleicht, der so mit seinem Sohn umgeht. Sehen Sie es einmal anders: Jesus als Sohn Gottes ist nicht auf die Welt gekommen, um sich kreuzigen zu lassen, sondern um von der überreichen Liebe des himmlischen Vaters zu sprechen und sie den Menschen nahezubringen. Er hat mit ihnen gefeiert und war fröhlich. Aber er wurde angefeindet, angeklagt, vor Gericht gezerrt. Seine Liebe zu den Menschen zeigte sich nun darin, dass er diese unberechtigte Aggression und Verfolgung aushielt, ohne seinerseits gewalttätig zu werden. Darin bewährte sich seine Liebe. Er wurde nicht zum Kämpfer und Rächer, obwohl das doch so nahelag. Sicherlich kann man dieses Ertragen der unberechtigten Wut anderer als Zeichen universaler Liebe verstehen.

KLEINE GESCHICHTE

Eine Frau erzählte mir von ihren Spaziergängen am Morgen, barfuß auf der Wiese vor ihrem Haus, auch wenn es nicht so warm ist. Sie beschreibt, wie sie das Gras an ihren Füßen spürt, seine Feuchtigkeit, seine Kühle. Sie schildert, wie sie den Himmel sieht, manchmal die wärmende Sonne, manchmal die Wolken oder den Nebel. Sie spricht davon, wie sie sich eins fühlt mit der großartigen Welt, in der sie lebt. Sie sieht die Feldblumen auf der Wiese, manchmal auch das eine oder andere Insekt. Sie spürt in all dem das Leben selbst. Und sie spürt sich als Teil des Lebens. „Wenn ich so morgens barfuß auf die Wiese gehen kann, dann weiß ich, dass meine himmlische Mutter mir wohlgesonnen ist", sagt sie. Für sie ist Gott weiblich. „Meine himmlische Mutter hat mir einen reichen Platz zum Dasein gegeben." Dieser morgendliche Spaziergang ist für sie Bild der universalen Liebe, wie sie sie versteht.

Zwischenbetrachtung Wüstenzeiten

Vielleicht sind Sie zwischendurch an einen Punkt gelangt, an dem Ihnen der Umgang mit den Meditationsübungen mühsam wurde. Eventuell ist es Ihnen sogar mehrfach so ergangen. Viele Menschen auf einem spirituellen Weg berichten davon, dass die Anfangseuphorie nachgelassen hat und dass das neue Ichgefühl, die neue Ruhe und die neue Bewusstheit, die sich eingestellt haben, irgendwann nicht mehr spürbar waren. Sie mussten sich selbst disziplinieren, um die täglichen Meditationszeiten einzuhalten. Die Vitalität und Begeisterung des Anfangs war verschwunden.

An diesem Punkt brechen viele die Meditationen ab. Sie vergessen sie vielleicht erst für ein paar Tage, dann denken sie gar nicht mehr daran. Und schließlich finden sie ein neues Angebot mit neuen Reizen, die wieder eine Anfangsbegeisterung entfachen.

Ich bin sehr skeptisch, wenn Menschen stolz erzählen, dass sie fünf oder mehr Möglichkeiten auf dem esoterischen Markt ausprobiert und gerade etwas noch Besseres gefunden haben. So wie es beim Fernsehen das Channel-Hopping gibt, so gibt es auch ein Psycho-Hopping. Manche verlassen einen Weg leider gerade dann, wenn es um eine größere Ernsthaftigkeit und Tiefe geht.

Zeiten ohne besondere Beschwingtheit und Begeisterung sind notwendige Zeiten in der Meditation. Es sind Wüstenzeiten, an denen kein Weg vorbeigeht. Nicht für jeden sind sie gleich heftig. Aber es kommt wohl auch niemand ganz daran vorbei.

Viele Meditierende, viele Mystikerinnen und Mystiker haben solche Wüstenzeiten erlebt, haben sie beklagt und haben sie dennoch durchgestanden. In der Wüste scheint alles stillzustehen, in der Wüste scheint kein Leben mehr zu existieren, in der Wüste geht es nicht recht weiter, hinter jedem Felsvorsprung wartet nur eine neue ungemütliche Unendlichkeit von neuem Geröll. Jeder Schritt wird schwer, man schleppt sich dahin. So sieht seelische Wüste aus. Und die meisten Menschen kennen solche Zeiten.

So wie Meditation immer mit dem ganzen Leben zu tun hat, verbindet sich auch oft die Erfahrung scheinbar unfruchtbarer Meditation mit einer krisenhaften Lebenssituation, etwa mit der Trennung bisheriger Bindungen, einer beruflichen Krise oder einer Krankheit. In solchen Lebensabschnitten scheint Vitalität verkümmert zu sein. Man spürt keine Freude mehr, keine Perspektive und kein Wachstum. Sogar das Bild Gottes verfinstert sich in diesen Wüstenzeiten für viele. Gott als Quelle der Lebendigkeit scheint zu versiegen. Viele fühlen sich einsam, von Gott und den Menschen verlassen, beiseitegestellt und unverstanden.

WAS HILFT IN DER SEELISCHEN WÜSTE?
Die Versuchung, an dieser Stelle mit den spirituellen Übungen aufzuhören und in eine Art spirituelle Naivität zurückzukehren, liegt nahe. Aber könnten Sie wirklich zurück?

Könnten Sie das, was Sie bisher in der Meditation erfahren haben, ungeschehen machen? Oder führt auch in diesen schwierigen Zeiten der Weg für Sie eher nach vorne? Und welche Gedanken und Einsichten könnten Ihnen in diesen dürren Zeiten helfen weiterzukommen?

Wenig hilfreich, wenn auch ein wenig entlastend ist die klagende Frage: Warum kann es nicht immer leicht und schön zugehen im Leben? Es tut gut, so zu klagen und zu fragen. Aber letztlich ist es eine kindliche Frage. Gott hat uns ja nicht versprochen, dass wir es im Leben immer leicht haben werden.

Hilfreicher ist der Gedanke, dass Wüstenerfahrungen vorübergehen. Man bleibt nicht für ewig dort. Jede Wüste hat ein Ende, an dem wieder grünes Gras wächst. Und jede Wüste hat Oasen.

Weiter ist es wichtig zu wissen, dass Wüstenerfahrungen einen Menschen stärken und prägen. Sie sind notwendige Erfahrungen. Gerade wer es immer leicht hatte, gerade wer insgeheim meint, ein Recht darauf hat, immer verwöhnt zu werden, braucht vielleicht die Herausforderung.

Um Wüstenzeiten durchzustehen, ist auch folgender Gedanke wichtig: Auch wenn Vitalität und Begeisterung vorübergehend fehlen, ist der Urquell des Lebens nicht wirklich abwesend. Er ist dem Meditierenden auch in dieser Zeit nahe, nur anders als gewohnt. Es ist, als habe Gott sein Gesicht gewechselt. Während er im fruchtbaren Land und am Anfang jeder meditativen Reise die Seinen nährt und erfreut, scheint er in der Wüste diese mütterliche Seite bis aufs Minimum zu reduzieren. Er zeigt sich nicht mehr so nährend und mütterlich, sondern eher fordernd, väterlich. Er fordert auf, zu der Sehnsucht nach kuscheligem, aber unfreiem Wohlgefühl ein klares Nein zu sagen. Nein zu der hedonistischen Überfülle.

Und zu seinen Forderungen gehört natürlich auch seine Ermutigung: „Du schaffst es." Der Verwöhngott verfinstert sich und eine andere Seite Gottes erscheint. Gott wird sichtbar als einer, der seine Menschen dazu bringt, ihre Komfortzone zu verlassen und Ungewohntes und nicht immer Angenehmes zu tun. Besonders in der Wüste lässt sich Gottes Vaterenergie erfahren: Wage es und halte durch!

IM NACHHINEIN WIRD DER SINN KLAR

Mitten in einer Wüstenzeit versteht man ihren Sinn meist nicht. In einer Wüstenzeit lebt man mehr von der Hoffnung als von der Erfahrung. Die Leichtigkeit des Gottvertrauens scheint verflogen zu sein. Im Rückblick sehen jedoch viele Menschen ihre Wüstenzeiten als notwendige Zeiten. In solchen Zeiten haben sie erlebt, dass sie Kraft haben, etwas durchzustehen. Sie haben ihre Unabhängigkeit von täglicher Bedürfnisbefriedigung erfahren. Sie sind in ihrer Ichstärke gewachsen und auch in ihrem Gottvertrauen. „Auf Gott, wie ich ihn jetzt sehe, kann ich mich verlassen, auch wenn ich ihn vorübergehend nicht erfahre", vertraut mir eine Frau in einem Seelsorgegespräch an. „Ich hätte nie gedacht, dass ich so viel aushalten kann", sagt ein anderer. „Ich weiß jetzt, wozu ich da bin: nicht so sehr, um anderen Menschen das Leben leicht zu machen, sondern um ihnen Mut zu machen, etwas zu wagen und harte Zeiten durchzuhalten", äußert sich ein Dritter.

DIE BEDEUTUNG FÜR DEN MEDITIERENDEN

Es ist gut, bei den täglichen Meditationen zu bleiben, selbst wenn sie zwischenzeitlich nichts zu bewirken scheinen. Jedenfalls ist es für Menschen gut, die Glaubensstärke entwickeln und nicht permanent im Verwöhnbereich leben wollen.

Natürlich entscheiden alle Meditierenden, wie weit sie gehen und wie viel Wüste sie aushalten wollen. Man muss ja nicht auf Gedeih und Verderb meditieren, wenn man einmal angefangen hat, als gäbe es sozusagen keinen ehrenvollen Ausstieg. Es kann auch ein Akt der Freiheit sein aufzuhören. Es kann auch eine gute Lösung sein, in dem meditativen Weg eine Pause von einigen Tagen einzulegen. Man kann ja nach einiger Zeit wieder beginnen, wenn man etwas vermisst.

Hilfreich ist es meist schon, sich seine Ziele bescheiden zu setzen, beispielsweise: „Noch diese Woche will ich meine tägliche Meditation durchhalten, noch diesen Tag. Morgen kann ich mich wieder dafür entscheiden oder aber auch dagegen. Nur jetzt gebe ich noch nicht auf, nur weil ich keine Lust mehr habe. Ich bleibe meinem Vorsatz treu."

Zahlreiche Menschen, die mit der ersten Ausgabe dieses Buchs meditiert haben, berichten, dass sie nach einigen Tagen der Dürre wieder neue Begeisterung empfunden haben. Der Heilige Geist war wieder spürbar. Und dazu kam das Gefühl: Siehe da, ich kann auch depressive Zeiten überwinden, ich falle nicht gleich bei der ersten Schwierigkeit um.

Es tut Meditierenden in Wüstenzeiten gut, sich klar zu machen, dass die meisten spirituell Wachsenden solche dürren Zeiten durchlitten haben. Sie sind dadurch gefestigt worden und fallen nie mehr hinter diese Festigkeit zurück.

Dürre Zeiten, Dankbarkeit und der innerste Raum der Ruhe

In der vierten Vertiefung geht es zunächst um das Erleben des Negativen und Paradoxen, aber auch um eine Dankbarkeit, die sich trotz manchem Leid einstellen kann. Anschließend werden Sie zu der mystischen Vorstellung vom innersten Raum der Ruhe in Ihrer Seele geführt, zu einer Erfahrung, von der sich gar nicht angemessen reden lässt. Man kann über sie eigentlich nur schweigen. Wer sich bei aller Hektik und Arbeit, bei allen Kämpfen und Verpflichtungen einen Raum für mystisches Erleben erhalten hat, der wird dies als einen wertvollen Schatz begreifen. Ihm ist klar, dass er diese tiefe Freude nicht selbst „gemacht" hat, sondern dass sie ihm geschenkt wird. Sie ist als Gottesgeschenk schon längst in ihn hineingelegt. Wenn Sie auch bis jetzt das „Wort" Gott nicht mögen – die Freude, die sich in mystischem Erleben einstellt, ist als Geschenk des Lebens in Sie hineingelegt.

Auf dem spirituellen Weg geht es um die Liebe, und zwar nicht um die Liebe, mit der Sie schlecht und recht einen anderen Menschen lieben können. Es geht um die Liebe des universalen Seins zu Ihnen. Sie ist stärker als augenblickliche Unpässlichkeiten und Krisen, die Sie momentan durchleiden, sie ist offen für Widersprüche und lässt Ihnen alle denkbare

Freiheit. Sie endet selbst mit dem Tode nicht. Diese Liebe Gottes wird sich auf die eine oder andere Weise in Ihrem Denken einfinden, vielleicht ganz anders, als dieses Buch es beschreibt. Anders als unsere eigene Liebesfähigkeit ist sie unbegrenzt.

Von Liebe wird gerade im religiösen Zusammenhang allzu oft moralisierend gesprochen, wie von einer Leistung, die wir zu erbringen hätten. Ich will nicht moralisierend von der Liebe reden. Die Liebe ist Geschenk und wir sind die Beschenkten.

Die folgende Paraphrase eines Textes aus der Bibel soll in die vierte Vertiefung einstimmen (nach 1. Korinther 13): Wenn ich ein dickes Bankkonto habe und viele Reichtümer besitze, aber um mich herum eine kalte lieblose Atmosphäre spüre, wie arm bin ich dann? Und wenn ich noch so erfolgreich bin und nie Liebe kennengelernt habe, was nutzt es mir? Und wenn ich groß vor den Menschen dastehe und bewundert werde und habe nie tiefe Zuneigung gespürt, wozu soll mir das gut sein?

Liebe, die mir geschenkt wird, gibt mir Ruhe und Gelassenheit, löst meine Blockaden auf, schafft mir neue Perspektiven, erweitert meine Möglichkeiten. Liebe, die mir geschenkt wird, vertreibt Schuldgefühle und Angst, überwindet meine Verzweiflung, heilt meine seelischen Wunden, vertreibt meine Todessehnsucht. Liebe, die mir geschenkt wird, macht mich angenehm für andere, lässt mich überzeugend sein, hilft mir, mich zu entwickeln und reifer zu werden. Liebe, die mir geschenkt wird, macht mich selbst zu einem liebenden Wesen, macht mich kreativ für mich selbst und andere.

Das Leben ist eine Schule der Liebe. Im Leben mischen sich Liebe und Lieblosigkeit. Jetzt erfahre ich Liebe, indem ich meine Aufmerksamkeit auf sie richte und an sie glaube. Jetzt braucht Liebe Mut und Pflege. Dann aber, wenn die Quelle

aller Liebe mich zu sich gezogen hat, wird die geschenkte
Liebe wie ein Ozean sein, darin zu baden.

ÜBUNG 31

*Ich erhoffe Segen von Gott, auch wenn es mir
augenblicklich schlecht geht.*

ERLÄUTERUNG

Vielleicht geht es Ihnen im Augenblick nicht besonders gut
und viele positive Gedanken dieses Buches kommen Ihnen
fremd und fern vor. Vielleicht ist Ihnen mehr nach Klagen
als nach Dank zumute. Dann lassen Sie Ihren Klagen frei-
en Lauf. Suchen sich vielleicht jemanden, bei dem Sie sich
ausklagen können. Aber bitte hören Sie nicht auf, gegen Ihre
augenblickliche Erfahrung göttlichen Segen zu erwarten.

BEGRÜNDUNG

Einmal an das Gottvertrauen gewöhnt, ist es ein wichtiger
Schritt, auch gegen die Erfahrung zu vertrauen. Für jemanden, der an einen personalen Gott glauben kann, könnte ein
entsprechendes Gebet so aussehen:

„Lieber Gott, ich weiß nicht, warum mir im Augenblick
so Schweres widerfährt, ich verstehe dich nicht, ich finde es
auch nicht gerecht, aber ich will dir trotzdem vertrauen. Wie
wirst du damit fertig, dass mich dieses Schicksal ereilt? Ver-
lass mich nicht und gib, dass die Dinge sich wieder zum
Guten wenden. Amen."

Für jemanden, der keine personale Vorstellung von der höheren Macht hat, könnte ein Gebet so lauten:

„Ich öffne mich für das Leben, das mir im Augenblick so schwerfällt, ich verstehe nicht, was geschieht, ich vertraue darauf, dass die Kraft des Lebens mich weiterhin stärken wird. Ich werde wieder bessere Tage haben. Darauf vertraue ich."

Gott sei Dank sind diese Zeiten, in denen man gegen sein Gefühl am Vertrauen festhält, nicht allzu häufig.

WAS GESCHEHEN KANN

Manchen Menschen wird durch schwere Schicksalsschläge die religiöse Dimension verdunkelt. Das ist bedauerlich, denn nach meiner Erfahrung geht es Menschen, die trotz schwerer Schicksalsschläge noch ihr Gottvertrauen behalten, ein wenig besser als denen, die diesen Halt verlieren.

KLEINE GESCHICHTE

Wie sehr es manchmal notwendig und lohnend ist, mit der göttlichen Macht zu ringen, erzählt symbolisch die Geschichte von Jakobs Kampf am Fluss Jabbok:

Jakob war sein Leben lang nur mit großer Mühe zu seinem Recht gekommen. Er hatte seinen Zwillingsbruder auf Anraten seiner Mutter um dessen Erstgeburtsrecht betrogen. Er wurde selbst um seine Frau betrogen, für die er jahrelang in den Diensten seines Schwiegervaters gestanden hatte. Er hatte eine harte und keineswegs gerechte Lebensgeschichte hinter sich. Auf dem Weg zu einer neuen Heimat schickte er seine Familie und seinen Besitz, eine große Schafherde, über das Flüsschen Jabbok und blieb allein zurück. Da kam eine fremde Gestalt zu ihm und rang mit ihm die ganze Nacht. Sie konnte Jakob nicht überwinden, Jakob sie aber auch nicht. Schließlich sprach diese Gestalt: „Lass mich jetzt gehen, denn es wird schon Tag." Jakob antwortete: „Ich lasse dich nicht gehen, es sei denn, du gibst mir vorher deinen Segen." Daraufhin segnete ihn die mysteriöse göttliche Gestalt. Jakob bekam einen neuen Namen. Er hieß jetzt Israel. Ihm blieb eine Wunde zurück, er war an der Hüfte verletzt und hinkte. Aber sein Leben wird als erfüllt und wichtig für die nachfolgenden Generationen beschrieben (1. Mose 32,23-33).

In sehr schweren Zeiten lohnt es sich, in diesen Kampf mit der höheren Macht um die Fülle des Lebens einzutreten. Wer diesen Kampf aufnimmt, wird am Ende nicht ohne Segen dastehen.

ÜBUNG 32

Ich meditiere meinen Tod und stelle mir das Ende meines Lebens als Eingehen in Gottes Liebe vor.

ICON ERLÄUTERUNG

Zur spirituellen Reifung gehört, den Tod zu integrieren. Das heißt aber, über ihn zu meditieren und sich ein Bild vom Tod zu machen, das die Angst zu mindern hilft. Dazu kann es dienlich sein, sich den Tod als ein Eingehen in eine Geborgenheit vorzustellen, ein Hinübergehen in eine andere Welt. Zudem ändern sich aus dem Blickwinkel der Vergänglichkeit die Sicht auf das Leben und die eigenen Prioritäten.

Stellen Sie sich vor, Sie seien gestorben! Wenn Sie sich dazu überwinden können, nehmen Sie sich einmal Zeit, über folgende Fragen nachzudenken:

- Was würden die Leute Ihrer Meinung nach bei der Beerdigung über Sie sagen?
- Welche Aussagen würden Sie sich wünschen?
- Womit haben Sie sich, aus dieser Sicht gesehen, in den vielen Lebensjahren überflüssigerweise beschäftigt?
- Was würde der Pfarrer bei Ihrer Beerdigung als den besonderen Segen Ihres Lebens betonen?
- Was würde er vor den zurückbleibenden Menschen als die besondere Botschaft Ihres Lebens beschreiben?

Denken Sie über diese Fragen nach und sprechen Sie mit einem vertrauenswürdigen Gesprächspartner darüber.

BEGRÜNDUNG

Wir leben in einer Zeit, in der Gesund- und Fitsein ein Muss ist, ein Pflichtprogramm, dem sich jeder unterziehen soll. Der Gedanke an Sterblichkeit und Tod ist dementsprechend weit verdrängt. Kommen solche Gedanken doch, werden sie schamhaft verschwiegen. Es ist eine alte Regel aus der mönchischen Tradition des Benedikt, seinen eigenen Tod zu meditieren. Der Sinn dieser Regel besteht aber nicht etwa darin, sich zu gruseln oder sich selbst das Leben zu verleiden. Im Gegenteil, das Leben soll dadurch gefördert werden. Im Gedanken an den Tod wird deutlicher, was im Leben wirklich wichtig ist und worauf man verzichten kann. Im Denken an den Tod wird das eigene Leben klarer.

Außerdem kann es die Angst vor dem Tod und vor dem Leben lindern, wenn man sich vorstellt, dass der Tod nicht schrecklich ist, sondern ein Eingehen in eine göttliche Geborgenheit, ein Licht-Werden, ein Hinüberwechseln in eine andere Art der Existenz.

Menschen mit Nahtoderlebnissen haben ihr Erleben so

beschrieben: Der Tod ist ein Freiwerden, ein Schweben über dem Körper, ein Hindurchgehen durch einen Tunnel. Eine Mittlergestalt holt den Sterbenden ab und hilft ihm, in das Licht einzugehen.

WAS GESCHEHEN KANN

Das Denken an den Tod kann statt der Liebe zum Leben auch eine Lebensverachtung fördern. Manche Menschen versuchen gar nicht erst, zu leben. Zu leben bedeutet immer, etwas zu wagen, etwas aufs Spiel zu setzen, die Möglichkeit des Scheiterns in Kauf zu nehmen, zu lieben, an der Liebe zu leiden und vieles Unwägbares mehr. Das Denken an den Tod soll nicht dazu führen, sich diese Schritte zu ersparen. Sonst müsste man sich am Ende des Lebens sagen: Ich habe versäumt zu leben. Stellen Sie sich vor, dass der Pastor an Ihrem Sarg spricht und sagt: Er beziehungsweise sie hat eigentlich nie richtig gelebt!

KLEINE GESCHICHTE

Eine Frau, die jeden Tag für ein paar Minuten an ihren Tod dachte, hatte folgende Angewohnheit: Sie ging hin und wieder in den Supermarkt, nahm auch ihr Portemonnaie mit, kaufte aber nichts. Jedes Mal kam sie mit einem glücklichen Gefühl nach Hause zurück. Als sie von ihrer Freundin gefragt wurde, warum sie das so mache, antwortete sie: „Ich gehe in den Supermarkt und freue mich, dass es auf der Welt so viele Dinge gibt, die ich nicht brauche und die meinem Leben nichts Gutes hinzufügen würden."

Ein Bekannter von mir liest jeden Tage das Fernsehprogramm und freut sich über jede einzelne Sendung, die seinem Wohlergehen nichts hinzufügen würde und die er nicht sehen muss! Er sieht sehr wenig fern.

ÜBUNG 33

Ich registriere dankbar,
dass ich loslassen kann und dass das Loslassen mich
befreit und bereichert.

ERLÄUTERUNG

Vielleicht erleben Sie inzwischen an sich selbst, dass Sie eine ganze Menge loslassen können. Womöglich haben Sie Ihr Loslassritual gefunden und sind Sie darin schon geübt. Sie brauchen nicht durch Krankheiten oder Schicksalsschläge in die Lektion des Loslassens getrieben zu werden.

Durch das Loslassen spürt man zunächst eine gewisse Leere, die angenehm, aber auch unangenehm sein kann. Vielleicht kommt daneben auch ein gewisses Gefühl von Befreiung und Bereicherung bei Ihnen auf. Sie spüren möglicherweise, dass Ihr Leben frei und reich ist. Empfinden Sie bei diesem Gedanken auch Dankbarkeit? In diesem Fall schreiben Sie auf ein Kärtchen, worin Sie Befreiung und Bereicherung in Ihrem Leben spüren, und danken Sie dafür. Dann überlegen Sie, wie Sie am besten mit dem Kärtchen umgehen können, ob Sie es gut sichtbar irgendwo hinstellen oder an einem sicheren Ort aufbewahren wollen.

BEGRÜNDUNG

Was man aufschreibt, bleibt um ein Vielfaches intensiver im Gedächtnis als nur Benanntes. Es ist hilfreich, sich das Positive bewusst zu machen, das man beim Nachdenken über die eigene Lebensqualität erkennt.

WAS GESCHEHEN KANN

Möglicherweise erleben Sie sich gar nicht befreit und bereichert. Vielleicht stehen für Sie die leidvollen Erfahrungen ganz im Vordergrund. Machen Sie deshalb keinen Zwang aus dieser Übung zur Dankbarkeit.

Übrigens kann man auch zu ganz außergewöhnlichen Formulierungen kommen. Ich kannte jemanden, der allen Ernstes Gott für seine Unzufriedenheit dankte: „Lieber Gott, danke, dass du mich meine Unzufriedenheit spüren lässt. Sie treibt mich an und motiviert mich, Neues auszuprobieren." Eine andere in Gruppenleitung sehr erfahrene Pädagogin dankte Gott jeden Tag für die Aufregung und das Lampenfieber, das sie auch nach vielen Jahren noch vor jedem Seminar verspürte, das sie zu halten hatte: „Lieber Gott, danke für meine Angst vor dem Seminar. Sie hilft mir, wirklich wach und da zu sein und mein Bestes zu geben."

KLEINE GESCHICHTE

In der Seelsorge begegnen mir oft Menschen, die sehr viel zu beklagen haben und vieles vermissen. Mitunter erschüttern mich ihre Probleme und Nöte regelrecht und ich kann ihr Unglück sehr gut verstehen. Dennoch frage ich manchmal am Ende solcher Beratungsgespräche, ob es neben all den Schwierigkeiten auch etwas gibt, wofür sie dankbar sind. Nur wenige Menschen lehnen diese Frage als Zumutung ab. Bei der Mehrheit verändert sich im Nachdenken über die Dankbarkeit etwas im Gesicht. Die Gesichtszüge entspannen sich. Manchmal lächeln die Befragten sogar. Ihr Blick geht auf einmal in eine ganz andere Richtung. Sie sehen nicht nur das Elend, sondern auch das Positive, auch die Ressourcen, die sie trotz allem haben. Es bewährt sich, in Seelsorgegesprächen neben anderem auch diese Frage zu stellen. Sonst übersehen wir leicht den schon vorhandenen Segen. Dankbarkeit und Ruhe gehören zutiefst zusammen, ebenso Dankbarkeit und Lebensqualität. Wohl niemand kann wirklich Lebensqualität erfahren, wenn er nicht für irgendetwas dankbar ist.

ÜBUNG 34

Ich reflektiere die heilsame Paradoxie und das Zusammenhalten von Extremen als Besonderheit der christlichen Vorstellung vom Leben und von Gott.

ERLÄUTERUNG

Die Wirklichkeit ist nicht einfach, nicht logisch, nicht geradlinig. Vielmehr ist alles von Paradoxien durchzogen. Die Beispiele dafür sind endlos: Wer sich am meisten um sein Glück bemüht, erreicht es oft nicht. Wer seine Geliebte am stärksten festzuhalten versucht, verliert sie vielleicht gerade dadurch. Paradoxien irritieren und Paradoxien können heilsam sein. Wer sich selbst erlauben kann, Fehler zu machen, wird viel zustande bringen. Wer weggeben kann, wird reich. Kann ich mich mit dem Paradoxen in meinem Leben aussöhnen? An welchen Stellen erlebe ich mein Leben als paradox? Welche Erfolge machen mich schwach? In welchem Scheitern bin ich ein wenig näher zu meiner Bestimmung gekommen? Wo fühle ich mich schwach und werde doch von anderen Menschen als stark und wichtig wahrgenommen? Wo stehe ich mir durch meine Stärke und Überlegenheit selbst im Weg?

Nehmen Sie sich heute und an den folgenden Tagen im Rahmen Ihrer Meditationen einige Minuten Zeit, darüber nachzudenken, wo in Ihrem Leben Sie paradoxe Erfahrungen machen. Bejahen Sie diese paradoxen Erfahrungen. Mit Paradoxien zu rechnen ist manchmal geradezu heilsam. Es ist gut, dass das Leben so ist.

BEGRÜNDUNG

Es ist interessant, sich klarzumachen, dass nach christlicher Vorstellung sogar in Gott selbst viel Paradoxie liegt. Paradoxie ist vielleicht sogar ein Markenzeichen einer christlichen Vorstellung von Gott. Nach christlicher Theologie zeigt sich der allmächtige Gott im ohnmächtigen Menschen Jesus, die Überlegenheit des Lebendigen zeigt sich im Tod des Gottessohnes am Kreuz. Gott ist Weltenlenker und trotzdem bemitleidenswert wie ein Kind. Gott erscheint manchmal grausam und lässt sich dafür von den Psalmbetern auch anklagen und ist doch die Liebe selbst. Wahrscheinlich beschreibt eine paradoxe Vorstellung die Wirklichkeit dieser höheren Macht viel adäquater und befreiender als eine einfache logische Vorstellung.

Aber nicht nur die christliche Gottesvorstellung ist paradox, sondern auch die Vorstellung vom Menschen. Der fehlerhafte Mensch ist der Gesegnete, nicht der, der alles richtig macht. Abraham, der seine Heimat mit unbekanntem Ziel und großem Risiko verlässt, ist der Gesegnete, nicht der, der bodenständig seinen Besitz aufbaut. Die christliche Theologie ist ein einziger Protest dagegen, das Leben einfach, geradlinig und beengend zu sehen, auch wenn es manchmal so vereinfachend verkündet und verstanden wird. Das Christentum ist vielmehr eine einzige Einladung, das Leben zu wagen, auch wenn man daran scheitern und sogar schuldig werden kann.

Vielleicht kann man vom Leben wirklich nur in solchen Paradoxien angemessen reden: von der Verführung, die in gradliniger Stärke liegt, sodass man am Ende auf tönernen Füßen dasteht, und von der Kraft, die in der Schwäche liegt. Vielleicht sollten Politiker, die weltweite Machtpositionen aufbauen und Kriege führen, diese paradoxen Zusammenhänge mehr bedenken.

WAS GESCHEHEN KANN

Wer anfängt, über die Paradoxien nachzudenken, die in der christlichen Vorstellung vom Leben und von Gott liegen, dem tut sich ein weites Feld auf. Er wird ins Staunen kommen. Er wird vielleicht auch von dem Bedürfnis erfasst, mit anderen über diese Paradoxien zu reden. Möglicherweise bekommt er sogar Lust auf paradoxes Denken: Kann ich Paradoxes als heilsam in meinem Leben erkennen? Er wird auf jeden Fall darüber hinauswachsen, das Paradoxe im eigenen Leben nur negativ und nur als Störung zu sehen.

KLEINE GESCHICHTE

Der Apostel Paulus berichtet von den Paradoxien seines Lebens und Gottvertrauens: Wir erweisen uns als Menschen Gottes: in Trübsal, in Nöten, in Angst, in Schlägen, in Gefängnissen; als die Unbekannten und doch bekannt; als die Sterbenden und siehe, wir leben; als die Gezüchtigten und doch nicht getötet; als die Traurigen, aber allezeit fröhlich; als die Armen, die doch viele reich machen; als die, die nichts haben und doch alles haben (nach 2. Korinther 6).

Von einem ähnlichen paradoxen Erleben spricht ein Gedicht Dietrich Bonhoeffers, das er im Konzentrationslager kurz vor seiner Hinrichtung geschrieben hat. In der

Vorstellung des paradoxen Gottes ist die Paradoxie seines
Lebens aufgehoben.

Wer bin ich?
Sie sagen mir oft,
ich träte aus meiner Zelle
gelassen und heiter und fest
wie ein Gutsherr aus seinem Schloss.
Wer bin ich?
Sie sagen mir oft,
ich spräche mit meinen Bewachern
frei und freundlich und klar,
als hätte ich zu gebieten.
Wer bin ich?
Sie sagen mir auch,
ich trüge die Tage des Unglücks
gleichmütig, lächelnd und stolz,
wie einer, der Siegen gewohnt ist.
Bin ich das wirklich, was andere von mir sagen?
Oder bin ich nur das, was ich selbst von mir weiß?
Unruhig, sehnsüchtig, krank, wie ein Vogel im Käfig,
ringend nach Lebensatem, als würgte mir einer die Kehle,
hungernd nach Farben, nach Blumen, nach Vogelstimmen,
dürstend nach guten Worten, nach menschlicher Nähe,
zitternd vor Zorn über Willkür und kleinlichste Kränkung,
umgetrieben vom Warten auf große Dinge,
ohnmächtig bangend um Freunde in endloser Ferne,
müde und leer zum Beten, zum Denken, zum Schaffen,
matt und bereit, von allem Abschied zu nehmen?
Wer bin ich? Der oder jener?
Bin ich denn heute dieser und morgen ein andrer?
Bin ich beides zugleich? Vor Menschen ein Heuchler

und vor mir selbst ein verächtlich wehleidiger Schwächling?
Oder gleicht, was in mir noch ist, dem geschlagenen Heer,
das in Unordnung weicht vor schon gewonnenem Sieg?
Wer bin ich? Einsames Fragen treibt mit mir Spott.
Wer ich auch bin, Du kennst mich, Dein bin ich, o Gott!

Dietrich Bonhoeffer, Widerstand und Ergebung

ÜBUNG 35

Was ich auch tue,
die Liebe der höheren Macht ist mir gewiss.
Sie ist unabhängig von meiner Leistung.

ERLÄUTERUNG

Stellen Sie sich im Rahmen Ihrer täglichen Meditationen die Frage, wie weit Sie Ihr Selbstwertgefühl von Leistungen abhängig machen. Sind Sie ein Leistungsmensch? Wird gar dieses Buch für Sie zum Leistungsanreiz? Die Verknüpfung von Leistung und Selbstwertgefühl kann sich sehr unterschiedlich zeigen. Entweder ein Mensch beklagt aufgrund dieser Verknüpfung seine eigene mangelnde Leistung und damit seinen eigenen mangelnden Selbstwert. Oder er stellt sich über andere Menschen, indem er sich über die Leistungsunfähigkeit anderer auslässt. Zum Leistungsdenken gehört immer der Vergleich.

Wie ist es bei Ihnen? Wenn Sie auch nur ein einziges Mal in Kontakt gekommen sind mit Ihrem inneren Raum des Friedens, kann es Sie dann stören, dass andere diesen Frieden auch kennen? Stört es Sie dann, dass andere auf manchen Gebieten bessere Leistungen erbringen als Sie, oder sind Ihnen Ihre Leistungen dann ziemlich gleichgültig?

Der innere Raum des Friedens ist ein großes Geschenk der höheren Macht an Sie. Was zählt demgegenüber Ihre Leistung und was die Leistung anderer?

BEGRÜNDUNG

Nach weitverbreiteter Meinung hängt der Wert des Menschen von seiner Leistung ab. „Ich bringe ja nichts, darum bin ich auch nichts wert", so denken sehr viele Menschen, gerade auch im bürgerlichen Milieu. Manche haben die Vorstellung völlig aufgegeben, etwas „bringen" zu können, und kommen oft genug zu dem Schluss, dass sowieso alles nichts wert ist und man sich nur irgendwie durchschlagen muss. Wir leben in einer Leistungsgesellschaft und bekommen diesen Zusammenhang jeden Tag massiv vorgeführt.

Die Verknüpfung von Selbstwertgefühl und Leistung ist höchst destruktiv. Menschen werden dadurch regelrecht krank. Wer aus Krankheitsgründen weniger leistungsfähig ist, fühlt sich durch diesen Zusammenhang meist zusätzlich depressiv.

Es ist sowieso besser, von Selbstbewusstsein zu sprechen als von Selbstwertgefühl. Das Wort „Selbstbewusstsein" schließt Leistung und Vergleich nicht ein, nur einen achtsamen Umgang mit sich selbst. Das Wort „Selbstwertgefühl" hingegen verführt dazu, in den gängigen Werteskalen unserer Zeit und im Vergleich mit anderen zu denken. Der Protest der christlichen Religion und der Kirchen gegen diese Verknüpfung von Selbstwert und Leistung ist sehr wichtig. Die Religion und die Kirchen reden von der Voraussetzungslosigkeit der Liebe Gottes. Das Leben selbst, um diese Umschreibung für Gott zu wählen, liebt jeden Menschen unabhängig von dem, was er „bringt". Damit ist die Leistungsverherrlichung im Kern durchkreuzt. Bei dem Urquell des Lebens, bei Gott, gibt es keine Leistungsbeurteilung. Gottes Sonne scheint für alle. Leider wird dieser Protest der Religionen und Kirchen viel zu selten gehört.

WAS GESCHEHEN KANN

Vielleicht kommt Widerspruch bei Ihnen auf? Kann es denn sein, dass alle Menschen gleichgemacht werden? Ist es nicht wichtig, zwischen nützlichen und weniger nützlichen Mitgliedern der Gesellschaft zu unterscheiden? Wenn Sie einen solchen oder ähnlichen Widerspruch bei sich spüren, befinden Sie sich in guter Gesellschaft. Weite Teile der Gesellschaft, gerade die bürgerlichen Leistungsträger, denken so. Ich fürchte allerdings, dieses Denken ist ein Zeichen dafür, dass noch kein Gespür für diese großartige nie versiegende Quelle der Liebe vorhanden ist, die wir Gott nennen. Seien Sie ein bisschen wie ein Kind und nehmen Sie einfach Liebe an, so wie Sie das Licht der Sonne am Morgen annehmen, ohne jeden Gedanken an Verdienst und Leistung.

KLEINE GESCHICHTE

In den psychiatrischen Krankenhäusern finden sich sehr viele Menschen, die ihr Selbstbewusstsein von ihrer Leistung abhängig machen. Sie erleben sich in der Krankheit meist wenig leistungsfähig. Ihnen ist gar nicht bewusst, welche große „Leistung" sie im Durchstehen ihrer Krankheit erbringen. Sie sind nicht zuletzt wegen ihrer angeblichen Leistungsunfähigkeit oft depressiv. Leider befinden sie sich zugleich meist in der paradoxen Situation, dass das Ziel ihrer Gesundung in Leistungsfähigkeit und Wiedereingliederung in den Beruf besteht, also im Grunde die Verknüpfung von Leistung und Selbstwert bestätigt, an der sie leiden. Vielleicht ist das mit ein Grund dafür, dass psychisch angeschlagene Menschen sehr häufig einen engen Kontakt zu Kirche und Religion suchen. Dort erwarten sie eine andere Wertung des Menschen, unabhängig von seiner Leistungsfähigkeit. Wichtig ist für sie auf jeden Fall, das spirituelle Denken von der voraussetzungslosen Liebe der höheren Macht an sich heranzulassen.

ÜBUNG 36

Ich lerne, auf meine inneren Impulse zu hören,
in denen der Geist des Lebens sich mir zeigt.
Ich meditiere die Vorstellung, selbst von diesem
göttlichen Geist berührt und durchdrungen zu sein.

ERLÄUTERUNG

Wohl jeder Mensch verspürt Impulse, in denen sich ihm das Leben oder der Geist zeigt. Vielleicht hat er nach einer unruhigen Nacht Klarheit über eine wichtige Entscheidung. Möglicherweise kommt ihm eine Idee davon, was er unbedingt vermeiden oder verstärkt beachten muss, damit es positiv mit ihm weitergeht. Er hat vielleicht einen Traum, in dem ihm eine wichtige Wahrheit klar wird. Oder er hört eine Aussage eines Mitmenschen, die ihn tief berührt. Er spürt dann, dass diese Aussage für ihn von Bedeutung ist.

Nehmen Sie sich heute einmal einige Minuten Zeit und fragen Sie sich, ob und wo Sie eine solche Berührung durch göttlichen Geist gespürt oder bemerkt haben, dass da etwas Wichtiges für Sie war. Nehmen Sie sich einige Minuten Zeit, die Vorstellung zu meditieren, dass Ihr ganzes Leben von einem solchen positiven Geist berührt ist. Wie fühlen Sie sich mit einer solchen Vorstellung?

BEGRÜNDUNG

Jeder Mensch ist mehr oder weniger bewusst vom Geist durchdrungen. Wenn ich mir vorstelle, dass ich in Kontakt mit dem Göttlichen stehe, kann mein Weg nicht grundsätzlich und auf Dauer falsch sein. So stärke ich mein Vertrauen darauf, im Leben den richtigen Weg zu finden. Man kann auch sagen, jeder Mensch hat einen Schatz in seiner Seele. Normalerweise haben wir kaum Zugang dazu. Wir suchen noch, was wir doch schon in uns tragen. Aber wir kommen doch immer wieder in Kontakt mit diesem Schatz und erhalten von dorther Kraft.

Wenn Sie diesen Gedanken einmal einige Sekunden auf sich wirken lassen, werden Sie spüren, dass eine große Zuversicht darin liegt. Ein Mensch mit dieser Einstellung wird nicht in Selbstzweifeln zerfressen werden. Er wird Fehler machen, gewiss. Doch Fehler zu machen gehört zu unserem Leben. Aber am Ende wird er doch eher die positive Bilanz aus seinem Leben ziehen, dass es trotz mancher Um- und Irrwege gut und gelungen war. Religiös gesprochen: Das Leben des vom göttlichen Geist durchdrungenen Menschen ist gesegnet.

WAS GESCHEHEN KANN

Wie fühlen Sie sich bei der Vorstellung, Ihr ganzes Leben lang immer wieder von einem göttlichen Geist berührt zu werden? Wenn Sie sich dabei unwohl fühlen, liegt es vielleicht daran, dass Sie solche Worte wie „göttlicher Geist" mit einem erhobenen Zeigefinger verknüpfen. Sie haben möglicherweise die Vorstellung, Sie müssten etwas Ihnen Wesensfremdes tun. Sie denken vielleicht an Ermahnungen, die Ihnen als Kind im Zusammenhang mit dem Namen Gottes angetan worden sind. Hoffentlich sind Sie schon darüber hinaus. Der göttliche Geist ist nicht so. Er erweckt vielmehr die besten Kräfte in Ihnen und hilft Ihnen, sich zu entwickeln.

KLEINE GESCHICHTE

„Ich habe heute viel zu arbeiten, darum muss ich heute viel beten", lautet ein Satz Martin Luthers. Damit ist nicht gemeint, dass er zu seinen vielen Verpflichtungen noch eine hinzufügen will. Vielmehr will er bei seinen zahlreichen Aufgaben Raum dafür lassen, vom Geist berührt zu werden. Das ist ihm wichtig, damit er bei seiner vielen Arbeit das Leben nicht aus dem Auge verliert, damit er das Richtige, Lebensfördernde tut und damit sein Arbeiten segensreich bleibt.

In dem Film „Harold and Maude" geht es um einen morbiden jungen Mann, den seine Mutter gerne mit einer passenden jungen Frau verkuppeln möchte. Aber er lehnt alle Kandidatinnen ab. Als seine Mutter ihm einen Sportwagen schenkt, lässt er ihn zu einem Leichenwagen umarbeiten. Erst eine Achtzigjährige schafft es, seine Freundin zu werden und ihm zu zeigen, wie man das Leben lieben kann. Die achtzigjährige Maude ist ganz im Hier und Jetzt, ist ganz emotional präsent. Sie feiert das Leben. Sie integriert auch den Gedanken an den baldigen Tod in ihr Leben. Sie besucht gern Beerdigungen. Sie ist voller Liebe zum Leben und zu ihren Mitmenschen. Regelmäßig liegt sie unter einem Baum in der Stille und spricht mit Gott, wie sie ihn versteht. Auf diese Weise bleibt sie offen für die lebensbejahenden Energien Gottes und kann sie an Harold weitergeben. Sie hat ihre Form der Kommunikation mit dem Leben selbst, mit Gott gefunden. Das wirkt sich für sie und für den jungen muttergeschädigten Harold sehr positiv aus. Als sie schließlich stirbt, kann Harold ohne sie weiterleben. Seinen Leichenwagen beseitigt er.

ÜBUNG 37

Ich werde dankbar für den Reichtum,
den ich in mir und um mich herum wahrnehme.

ERLÄUTERUNG

Dankbarkeit kam schon öfter in diesen Übungen vor. Wenn es ein Gefühl ist, das Sie selten oder gar nicht verspüren, dann stellen Sie sich folgende Frage: Wenn ich für irgendetwas dankbar wäre, rein theoretisch, wofür wäre ich es am ehesten?

BEGRÜNDUNG

Ich kenne und genieße ganz tief das Gefühl, da zu sein. Auch wenn nicht alles im Leben rund und glatt läuft, sage ich mir: Besser ein lebendiger Hund als ein toter Löwe. Besser Probleme haben als daliegen wie ein toter Stein auf dem Mars. Probleme zu haben gehört zum Leben. Ich kenne keinen Menschen, der nicht mindestens drei Probleme hat: eines, das er lösen kann, eines, das er nicht lösen kann, und eines, von dem er noch nicht weiß, ob er es lösen kann. Der Gedanke an die eigene Lebendigkeit erfüllt mich mit Dankbarkeit.

Von einem amerikanischen Pfarrer wird die Geschichte erzählt, dass er eines Morgens gebetet habe: „Lieber Gott, ich habe gar kein Problem. Was ist los? Traust du mir gar nichts mehr zu?" Ungelöste Probleme zu haben und Dankbarkeit für das Leben selbst schließen sich nicht aus, sondern ergänzen einander.

Worin liegt der besondere Wert der Dankbarkeit? Dankbarkeit ist ein Türöffner zu dem Raum der Stille, den Sie in sich haben. Wenn Sie mit diesem Raum in Beziehung treten, brauchen Sie nichts mehr zu verändern, Sie brauchen nichts mehr zu werden, Sie sind einfach da und empfinden Freude darüber.

WAS GESCHEHEN KANN

Es kann sein, dass diese Übung Ihnen querliegt. Für manche ist Dankbarkeit so etwas wie ein rotes Tuch. Dankbarkeit kann man nicht verordnen. Oft ist uns als Kind Dankbarkeit verleidet worden, indem wir vor Onkel und Tante so tun mussten, als wären wir dankbar. Es kann aber auch sein, dass ein Gefühl der Dankbarkeit Sie überkommt und dass Sie dieses Gefühl genießen. Es ist ein wunderbares, warmes Gefühl, dankbar sein zu können. Es liegen Erleichterung und Freude darin. Hoffentlich überkommt Sie bei den Übungen hin und wieder dieses Gefühl.

KLEINE GESCHICHTE

Wie sehr die Fähigkeit zum Dank zur Lebensqualität beiträgt, zeigt sich an vielem, zum Beispiel daran, welch hohen Stellenwert die Dankpsalmen in der Bibel einnehmen. Wenn Dankbarkeit nicht guttäte, hätten Menschen nicht so viele Lieder erfunden, um sie zum Ausdruck zu bringen.

Es zeigt sich aber zum Beispiel auch in dieser kleinen Geschichte:

Als Gott die Welt schuf, so wird in einer Sage erzählt, waren drei Menschen bei ihm und schauten zu. „Wie machst du das? Ich will eine Erklärung", fragte einer von ihnen, ein Forscher. „Kann ich dir helfen?", fragte ein anderer. Das war ein sozial Engagierter, der über seinem vielen Einsatz für andere nie zur Ruhe kam. „Was ist das alles wert?" So fragte ein Dritter, wahrscheinlich ein Immobilienmakler. Aber da war auch noch ein Vierter. Der schaute nur stumm zu und sagte schließlich: „Wie wunderbar das alles ist! Danke dafür, dass diese Welt da ist." Das war ein spiritueller Mensch, ein Meditierender.

ÜBUNG 38

Ich betrachte die Natur um mich herum neu und
verstehe mich als Teil von ihr.

ERLÄUTERUNG

Dies ist keine einfache Übung, die man schnell erledigen kann. Eine andere Beziehung zur Natur zu gewinnen ist ein langer, um nicht zu sagen lebenslanger Prozess. Es erfordert auch die Beschäftigung mit entsprechendem Informationsmaterial. Hier geht es aber nur um Folgendes: Beschäftigen Sie sich mit dem Gedanken, dass es Ihnen nur gut gehen kann, wenn es der Natur um Sie herum auch gut geht. Sie sind ein Teil der Natur. Hören Sie auf, sich als überlegen oder getrennt zu verstehen.

BEGRÜNDUNG

Der gesamte Kurs in diesem Buch soll Achtsamkeit fördern: Achtsamkeit für die eigene Wahrnehmung, den eigenen Körper, Achtsamkeit für Gott, wie wir ihn verstehen, und für die Mitmenschen. Dazu gehört auch ein achtsamer Umgang mit der Natur. Die Sünden der westlichen Gesellschaften gegenüber der Natur sind allerdings immens. Wir sind Teil eines Systems der totalen Naturausbeutung und -zerstörung. Unsere Kinder, von denen wir die Erde nur geborgt haben, werden uns deswegen zur Rechenschaft ziehen. Aber selbst wenn wir privat aus dem System der Naturzerstörung nicht aussteigen können, können wir doch in unserem begrenzten Verhalten eine andere Beziehung zur Natur anstreben, zum Beispiel Chemikalien im eigenen Garten vermeiden, Tiere nicht sinnlos töten, öfter mal das Fahrrad statt des Autos benutzen und vieles mehr.

WAS GESCHEHEN KANN

Wer anfängt, über die Natur nachzudenken, gerät leicht in eine Art Resignation: Was kann der Einzelne schon tun, sagt er sich dann. Angesichts der unzähligen Notwendigkeiten und Gefahren versagt oft der eigene Mut. Lassen Sie sich nicht entmutigen, sondern fangen Sie mit ganz kleinen Schritten an. Sehen Sie die Natur nicht mehr als Rohmaterial für unsere menschlichen Bedürfnisse, sondern als Teil der wunderbaren Schöpfung dieses Gottes, der die Quelle allen Lebens ist. Die Natur ist nicht weniger Teil der göttlichen Schöpfung als Sie selbst. Aus dieser veränderten Grundeinstellung werden sich auch in Ihrem Handeln Veränderungen ergeben.

KLEINE GESCHICHTE

Der Heilige Benno hatte die Gewohnheit, regelmäßig zu beten. Einmal, als er gerade die Felder der Bauern segnen wollte und ganz in sein Gebet vertieft war, störten ihn die Frösche eines nahegelegenen Teiches. Sie quakten so laut und aufdringlich, dass Benno ärgerlich zu Gott rief: „Lass sie doch mit dem Gequake aufhören, damit ich in Ruhe beten kann." Gott erfüllte seinen Wunsch. Die Frösche schwiegen. Benno betete weiter, aber bald spürte er, dass etwas nicht stimmte. Er konnte sich keineswegs besser konzentrieren als vorher. Er überlegte: Ist es gerecht, dass ich das Quaken der Frösche nicht haben wollte? Hat Gott nicht alles in der Natur geschaffen und auch den Fröschen ihre Stimme gegeben? Ist nicht auch das Quaken der Frösche ein Lobgesang auf Gott, den Schöpfer des Lebens? Er blieb stehen und dachte nach. Dann sprach er zu Gott: „Verzeih mir meine Intoleranz, du Lebendiger, und lass die Frösche wieder quaken. Ihr Quaken und mein Gebet werden zusammen deine Größe preisen." Und sogleich hörte man wieder die Musik der Frösche.

ÜBUNG 39

*Ich überdenke diese Anleitung anhand des
Inhaltsverzeichnisses und überlege, welche
Wachstumsschritte für mich persönlich am
wichtigsten sind.*

ERLÄUTERUNG

Herzlichen Glückwunsch, dass Sie dieser Anleitung bis hier-
hin gefolgt sind. Sie sind fast am Ende der vierzig Übungen.
Vielleicht sind Sie alles sehr schnell durchgegangen, vielleicht
wollten Sie sich einen Überblick verschaffen. Möglicherweise
brauchen Sie dann für das eine oder andere noch mehr Zeit.
Mit manchen Übungen konnten eventuell gar nichts anfangen und Sie haben sie übersprungen. Vielleicht ist Ihnen aber
auch das eine oder andere aufgefallen, das gerade für Sie persönlich ein Wachstumsbereich ist.

Was Ihnen nichts sagt, vergessen Sie ruhig. Wo Sie einen
wichtigen Bereich spirituellen Wachstums für sich erahnen,
da nehmen Sie sich die entsprechenden Übungen noch einmal vor oder ziehen andere Bücher zu dieser speziellen Thematik zurate.

BEGRÜNDUNG

Ihre Seele ist klug, sie weiß, was für Sie gut ist: das geordn-
ete, achtsame Wahrnehmen, das Loslassen von Menschen
oder Verpflichtungen, die Suche nach einer hilfreichen Vorstellung von Gott oder ein Wachsen in der Liebe. Es kann
allerdings auch sein, dass das, was in Ihnen am meisten
Widerstand auslöst, für Sie wichtig ist. Sie werden es selbst
wissen.

WAS GESCHEHEN KANN

Im besten Fall haben Sie aus diesem Buch etwas für sich herausgefunden. Wiederholen Sie die Übungen und Rituale, die Ihnen guttun. Legen Sie das Buch nicht allzu schnell weg mit dem Gedanken: Das kenne ich schon. Vieles erschließt sich wirklich erst durch Wiederholung.

KLEINE GESCHICHTE

Ein berühmter Pianist hat einmal gesagt: „Wenn ich einen Tag lang nicht übe, dann merke ich es. Wenn ich zwei Tage lang nicht übe, dann merken es meine Freunde. Wenn ich drei Tage lang nicht übe, dann merkt es mein Publikum."

ÜBUNG 40

*Ich danke Gott für den geschenkten Raum
der Stille in meinem Innersten.*

ERLÄUTERUNG

Es gibt diesen Raum der Stille in der Tiefe meiner Seele und ich habe eine Vorstellung davon. Meine Vorstellung ist unangemessen. Und doch kann ich keine andere finden. Es lässt sich nicht angemessen darüber reden. Jede Beschreibung besteht nur aus stolpernden Versuchen. Auch die Mönche, die vor vielen hundert Jahren diese Vorstellung von der Kammer der Stille in unserem Herzen gefunden haben, haben nur unzulänglich vermocht, von etwas Unaussprechlichem zu reden. Der Raum der Stille ist ein Ort, an dem der Mensch nicht angreifbar ist, ein Ort, an dem alle Leidenschaften, alle Gier, aller Ärger und auch die Angst verblassen. Er ist ein Ort der Anbetung für den Schöpfer allen Lebens. Obwohl sich von dem Raum der Stille nicht adäquat sprechen lässt, kann ich doch auch nicht davon schweigen, weil es guttut, sich auszutauschen.

BEGRÜNDUNG

An den Raum der Stille in mir zu denken macht mich wirklich stiller und zuversichtlicher. Dieser Raum der Stille wirkt, auch wenn er niemals anatomisch lokalisierbar und niemals naturwissenschaftlich beweisbar ist.

WAS GESCHEHEN KANN

Wenn Sie gar nicht wissen oder ahnen, von welcher Wirklichkeit ich spreche, dann ist dieses Buch in diesem Abschnitt Ihres Lebens vielleicht nicht das Richtige für Sie. Möglicherweise finden Sie einen ganz anderen Zugang zum Heiligen. Denn die Wirklichkeit, von der ich versucht habe zu sprechen, zeigt sich auch Ihnen, vielleicht nur ganz anders, als ich es ahnen kann. Auch der Gedanke, dass ein spirituell Suchender etwas sucht, was ihm längst geschenkt ist, ist für manche Leute unverständlich. Es ist ja auch ein wenig paradox, auf der Suche zu sein zu dem, was man längst hat. Wenn Sie versuchen, anderen davon zu erzählen, dann wundern Sie sich nicht, wenn Sie Widerspruch oder Unverständnis ernten.

KLEINE GESCHICHTE

Ein Rabbi kam in ein Dorf und feierte mit den Bewohnern zusammen den Gottesdienst. Der Gottesdienst war sehr lang und sehr feierlich.

Auch ein Vater mit seinem neunjährigen Sohn, der ein bisschen zurückgeblieben war und nicht schreiben und lesen konnte, nahm an dem Gottesdienst teil. Weil aber die Stimmung so begeisternd war, wollte der Sohn auch etwas zum Gotteslob beitragen. Er zog ein Pfeifchen aus seiner Tasche und wollte damit in den Gesang einstimmen. Gerade noch rechtzeitig bemerkte es sein Vater und befahl seinem Sohn, die Pfeife wieder in die Tasche zu stecken. Die Stimmung des Gottesdienstes hob sich, der Gesang des Kantors wurde innig und stark. Da konnte der Sohn kaum noch an sich halten und wieder zog er sein Pfeifchen aus der Tasche. Abermals hatte der Vater Mühe, ihm das Pfeifen auszureden. Der Gottesdienst steigerte sich noch weiter. Die Gebete waren voller Euphorie und Gotteslob. Da riss der Sohn das Pfeifchen aus der Tasche und tat einen gellenden Pfiff. Später entschuldigte sich der Vater bei dem Rabbi. Aber der Rabbi sagte: Ich hatte die ganze Zeit das Gefühl, dass für das Gotteslob noch etwas fehlt. Erst als dein Sohn gepfiffen hat, war alles da und ich konnte das Gebet frei zum Himmel schicken.

Spiritualität als Prophylaxe gegen Erschöpfung

Erschöpfung ist ein häufiges Leiden in unserer Zeit. Man kann sie leider nicht bekämpfen, indem man einfach einen Schalter umlegt. Es gibt wohl kein sofort wirkendes Zaubermittel. Die Anleitung zur Spiritualität in diesem Buch ist kein Sofortprogramm gegen Erschöpfung, aber sie hilft bei ihrer Vermeidung oder Bewältigung. Die Übungen haben eine prophylaktische Wirkung. Sie führen dazu, mehr in der Wahrnehmung zu sein und somit auch die eigenen Bedürfnisse besser wahrzunehmen. Sie verführen dazu, in die Stille zu kommen und damit das Unbewusste wieder fließen zu lassen.

SYMPTOME DER ERSCHÖPFUNG

Wer stark erschöpft ist und die Wahrnehmungsübungen in diesem Buch ausprobiert, wird zunächst meist nichts anderes als seine Erschöpfung wahrnehmen. Das ist auch völlig logisch, denn die Erschöpfung ist schließlich diesem Menschen am nächsten.

„Ich wollte mich zehn Minuten in der Stille hinsetzen und meine Umgebung wahrnehmen", sagte mir ein Mann, „aber ich konnte es einfach nicht. Es erschien mir wie vergeudete Zeit. Ich dachte die ganze Zeit nur daran, was alles noch auf meinem Schreibtisch lag und erledigt werden musste." Dieser Mann war in verantwortlicher Stellung und hatte jeden Tag mit zahlreichen schwierigen Menschen zu tun. Außerdem stand seine Firma in einer Umbruchsituation. „Ja, es ist noch schlimmer", setzte er hinzu, „wenn ich versuche, ruhig und achtsam zu sein, dann fallen mir immer mehr Aufgaben ein, mit denen ich meine Situation verbessern könnte. Schließlich muss es vorwärts gehen. Stillstand ist Rückschritt. Der Pflichtenberg wird in meiner Fantasie immer höher."

In dieser Schilderung ist bereits ein ganz wesentliches Symptom für Erschöpfung angedeutet: Das Gehirn ist sozusagen heißgelaufen, es kann sich nicht mehr abgrenzen. Erschöpfte und getriebene Menschen können nicht mehr aufhören, nicht mehr nein sagen. Das Ich ist grenzenlos geworden. Der Anspruch an sich selbst ist viel zu hoch und idealisiert; man will immer besser handeln, immer erfolgreicher sein, immer weiterkommen.

Erschöpfung zeigt sich in unterschiedlichen Symptomen. Es ist wichtig, die eigenen Symptome zu kennen, um frühzeitig Maßnahmen zur Psychohygiene ergreifen zu können. Sehr häufige Erschöpfungssymptome sind unter anderem:
- sich schwunglos fühlen,
- den Überblick verlieren,
- nicht mehr zuhören können,
- Gedächtnislücken,
- Schlafstörungen,
- nächtliche Unruhe unter dem Druck aller möglichen Aufgaben,
- Kopfschmerzen,
- Nackenschmerzen,
- Herzrasen,
- Anfälligkeit für Infektionskrankheiten.

Im Erschöpfungszustand verliert der Mensch seine geistig-seelische Abwehr. Er hat das Gefühl, alles Anstehende gleichzeitig tun zu müssen. Er kann nicht innerlich sortieren, was jetzt wichtig ist und was nicht. Erschöpfung kann bis zu Suizidfantasien führen, wobei der Betroffene aber eigentlich gar nicht tot sein will. Er will nur nicht mehr so überanstrengt leben wie bisher.

An welchen Symptomen merken Sie selbst, dass Sie erschöpft sind? Vielleicht finden Sie einiges davon in der obigen Liste wieder. Vielleicht spielen bei Ihnen auch noch andere Indikatoren eine Rolle.

Ich kenne einen Mann, der in seinen Erschöpfungszuständen ständig seinen Terminkalender irgendwo vergisst. Meist gerät er in eine Art Panik, wenn er merkt, dass er den Kalender irgendwo liegen gelassen hat. Bisher ist es aber immer gut gegangen. Eine Kollegin oder ein Kollege hat das Buch gefunden und ihm wiedergebracht. Bei der Reflexion dieser merkwürdigen Vorgänge wurde dem Mann bewusst, dass das Verlegen des Terminkalenders ein Erschöpfungssymptom mit tiefer Symbolik ist. Sein Unterbewusstes sagt ihm, dass er sich jetzt nicht noch mehr Termine in seinen Kalender eintragen darf, ohne sich zu gefährden.

Erschöpfungssymptome sind lästige, aber nützliche Warnzeichen. Es kann nicht darum gehen, sie zu bekämpfen, indem man etwa gegen die Nackenschmerzen ständig Tabletten nimmt oder gegen die Schlafprobleme Schlafmittel. Erschöpfungssymptome weisen den Überanstrengten darauf hin, dass er in seinem Leben mittelfristig etwas ändern sollte, dass er neu Bilanz ziehen und neu sortieren muss, wenn er wieder ins Gleichgewicht kommen will. Erschöpfungssymptome gleichen einer Alarmanlage: Wenn eine Sirene ertönt, schaltet man sie auch nicht einfach ab, sondern macht sich Gedanken über die Ursachen des Signals.

PERSÖNLICHE UND SYSTEMISCHE ERSCHÖPFUNGSURSACHEN

Wie bereits gesagt, ist die Grenzenlosigkeit des Ich-Ideals eine der wesentlichen Ursachen von Erschöpfung. Betroffene geraten leicht in ein „Alles-oder-nichts-Denken". „Wenn ich dies oder jenes nicht schaffe, dann bin ich gar nichts mehr wert." Häufig zeigt sich in Überarbeitung ein verstecktes Problem des Selbstwertgefühls. Darum ist es wichtig, das Loslassen zu lernen und statt von Selbstwertgefühl besser vom Selbstbewusstsein zu sprechen. Das Wort „Selbstwertgefühl" hat immer einen Rückbezug auf Leistung und Bewertung, „Selbstbewusstsein" hingegen legt eher den Bezug zur Achtsamkeit nahe. Selbstbewusstsein von Leistung zu lösen ist ein zentrales Anliegen dieses Buches, übrigens auch der christlichen Religion, die das Selbstbewusstsein einfach aus dem von Gott geschenkten Leben ableitet – vor aller Leistung. Das bedeutet natürlich auch: Selbstbewusstsein ist unabhängig von Schönheit, von der Zahl der Freunde oder der perfekten Haushaltsführung oder Ähnlichem.

Neben den persönlichen Ursachen von Erschöpfung stehen systemische Ursachen, also Ursachen, die mit den Beziehungsfeldern zusammenhängen, in denen wir leben und arbeiten. Viele Menschen arbeiten in Strukturen, in denen sie zu immer mehr Leistung getrieben werden, in denen alles immer schneller und besser gehen muss, in denen ständiges Wachstum gefordert wird. Für den einzelnen Mitarbeiter bedeutet das meistens eine permanente Mehrbelastung. Erschöpfung ist nicht nur die Krankheit einzelner Menschen, sondern auch die Krankheit unserer westlich-neoliberalen

Art zu wirtschaften. Das ganze Leben gestaltet sich dann nach diesen Gesetzen des ständigen Wettlaufs.

Erschöpfung entsteht zum Beispiel, wenn ein Mitarbeiter in die paradoxe Situation gebracht wird, mehr Umsatz zu erzielen, obwohl er dieses Mehr an Umsatz gar nicht generieren kann. Schließlich ist er davon abhängig, dass andere, auf die er keinen Einfluss hat, das Produkt kaufen oder die Dienstleistung in Anspruch nehmen wollen. Diese paradoxe Situation wird als „high demand – low control" bezeichnet. Das Ziel ist hoch, man hat jedoch nicht unter Kontrolle, es zu erreichen.

Erschöpfungsverursacher in den wirtschaftlichen Systemen sind:

– Kommunikationsüberflutung durch Telefon, PC, E-Mail,
– ständig steigende Anforderungen an die Mitarbeiter,
– fehlende Anerkennung,
– high demand – low control,
– Aktivismus in den Firmen, zum Beispiel durch überflüssige Sitzungen,
– Angst um den Arbeitsplatz,
– Mobbing.

Wundert es jemanden, dass Erschöpfungszustände und Erschöpfungsdepression so häufig geworden sind?

Grundlegend Erschöpfte sind darüber hinaus oft Menschen, die ihre Aufgaben idealistisch angepackt haben und die alles gut und perfekt erledigen wollten. Oft handelt es sich um sehr hilfsbreite und liebevolle Menschen, die anderen keine Bitte abschlagen können. Sie haben ein Zuviel des Guten: zu viel an Einsatz, zu viel an Hilfsbereitschaft, zu viel an Idealismus. Dabei verleugnen sie die eigene Bedürftigkeit. Sie gestehen sich selbst nicht ein, dass sie eigentlich nur noch ruhe- und liebebedürftig sind und dass sie von der Angst getrieben werden, nicht genügend beachtet zu werden oder etwas falsch zu machen. Erschöpfte erledigen die Dinge, die sie zugesagt haben, schnell und zuverlässig. Erschöpfte sind häufig beliebt. Aber sie nehmen sich nicht die Zeit, ihre Beliebtheit und ihren Erfolg zu genießen.

Wenn man Erschöpfung bei sich bemerkt, ist es wichtig, Verantwortung für den eigenen Lebensstil zu übernehmen. Ganz falsch ist es, sich einzureden oder einreden zu lassen, man wäre eben nicht genügend belastbar. Absolut richtig ist hingegen, stärker auf seine Bedürfnisse nach Ruhe und Loslassen und auf die Balance zwischen Leben und Arbeiten zu achten. Eine meditative Lebenshaltung und die Übungen in diesem Buch helfen dazu.

ERSTE HILFEN BEI ERSCHÖPFUNG

Was kann man als Soforthilfe tun, wenn man die Erschöpfung bemerkt? Wichtig ist zunächst, die Tatsache der Erschöpfung überhaupt zu akzeptieren. Hilfreich ist sodann, kurzfristig Distanz zu den Belastungen zu schaffen, indem man beispielsweise ganz wörtlich genommen einige Schritte zurücktritt oder einen kurzen Spaziergang macht. Es kann helfen, sich ans offene Fenster zu stellen und ein paar Mal tief durchzuatmen.

Oder Sie setzen sich in den Bürostuhl und lassen der positiven Fantasie freien Lauf. Versetzen Sie sich für einige Minuten an den schönsten Strand, den Sie je gesehen haben, oder auf eine Almwiese in der Nähe imposanter Berge.

Eine andere kleine Soforthilfe ist die Ohrmuschelmassage: Man nimmt ein Ohrläppchen zwischen Daumen und Zeigefinger und reibt es, bis es sich erwärmt. Dann geht man an der Ohrmuschel weiter nach oben und massiert sie auf dieselbe Weise. Spüren Sie einmal, wie angenehm warm sich

Ihr Ohr anfühlt und wie gut es durchblutet ist! Damit das andere Ohr nicht zu kurz kommt, tun Sie dasselbe auch auf der anderen Seite. Nach einer fernöstlichen Vorstellung repräsentiert die Ohrmuschel den ganzen Körper, den gesamten Menschen. Der Körper wird in embryonal-gekrümmter Haltung mit dem Kopf nach unten durch die Ohrmuschel abgebildet. So gesehen aktiviert die Massage des Ohres den ganzen Menschen und erhöht die Wachheit und Aktivität.

Eine weitere Soforthilfe besteht darin, sich aufrecht hinzustellen und die Schultern kreisen zu lassen. Dabei lässt man die Arme ganz locker an den Schultern hängen.

Manchmal wird auch eine Krankheit zur Soforthilfe. Das Unterbewusste verschafft sich durch die Krankheit Beachtung. Selbst wenn wir lamentieren: „Gerade jetzt kann ich es am allerwenigsten gebrauchen", ist die Krankheit bei Erschöpfung auch die Chance, loszulassen, um danach neu und anders wieder beginnen zu können.

Schon ein wenig mehr Planung erfordert es, einige Tage in Urlaub zu fahren. Fahren Sie möglichst allein, damit Sie wenig beansprucht werden. Und natürlich dürfen Sie in solche freien Tage keine Arbeit mitnehmen.

Soforthilfe könnte auch darin bestehen, einige Tage der Ruhe in einem Haus der Stille oder in einem Kloster zu verbringen. In solchen Tagen ist es sinnvoll, auch mit einem Meditationsprogramm anzufangen, wie es beispielsweise in diesem Buch beschrieben ist.

SCHLAFEN UND SPAZIEREN GEHEN

Wer grundlegend erschöpft ist, sollte viel schlafen und spazieren gehen. Beim Spazierengehen ist es am besten, langsam zu gehen und dabei die Natur um sich herum wahrzunehmen, etwa die Vögel zwitschern zu hören, einen alten Baum zu betrachten, die Wolken am Himmel ziehen zu sehen. Gehen in Ruhe war neben dem Sitzen immer schon eine Form der Meditation. Jesus hat seinen Schülerinnen und Schülern viele seiner heilvollen Gedanken im Gehen mit auf den Weg gegeben. Wenn Sie innerlich zu unruhig sind, um langsam zu gehen, dann gehen Sie eben schnell. Wichtig ist in erster Linie, dass Sie sich an der frischen Luft bewegen, bis der ungeheure innere Druck der Erschöpfung nachlässt.

Gönnen Sie sich genug Zeit für den Schlaf. Vielleicht benötigen Sie im Augenblick viel Zeit zum Schlafen. Beschäftigen Sie sich kurz vor dem Einschlafen nicht mit nervenaufreibenden Dingen, sondern mit etwas Schönem und Entspannendem.

ERSCHÖPFUNG UND DER SPIRITUELLE WEG

Wenn ein erschöpfter Mensch versucht, den hier beschriebenen spirituellen Weg zu gehen, spürt er vielleicht auch Wut oder Depression. In der Erschöpfung ist häufig viel Wut verborgen: Wut auf die Verhältnisse, die zu so viel Arbeit zu zwingen scheinen, Wut vielleicht auch auf Kolleginnen oder Kollegen, die es sich leichter machen. Die Wut kann sich auch gegen diese Anleitung richten. Vielleicht haben Sie schon den Wunsch verspürt, das Buch mit Schwung in die Ecke zu werfen.

Manchmal spüren Erschöpfte auch eine Art Depression: „Man sieht ja, dass es bei mir nichts nutzt", ist eine weitverbreitete Reaktion. „Ich bin so kaputt, dass bei mir Hopfen und Malz verloren ist. Wenn ich zu meditieren versuche, wird alles nur schlimmer." Wut oder Depression zu spüren ist vielleicht unangenehm, aber dennoch ein heilsamer Schritt. Gefühle, die wahrgenommen und zugelassen werden, haben die Eigenart, sich langsam zu beruhigen und sanfter zu werden. Gefühle hingegen, die man ständig verleugnet und bekämpft, nehmen zu. Sie brodeln wie ein Dampfkessel und suchen einen Ausweg. Mitunter kommen sie als verletzende Handlungen an die Oberfläche. Manche Unfälle sind darauf zurückzuführen, dass ein großer innerer Druck sich seinen Weg gesucht hat. Auch manches böse Wort gegen andere ist auf diesen inneren Überdruck zurückzuführen. Und schließlich entstehen durch die ständige Leugnung von Wut oder Traurigkeit psychosomatische Krankheiten: Die Haut juckt oder das Herz rast oder der Rücken schmerzt.

Es kommt also nicht darauf an, die Erschöpfung zu bekämpfen und zu entfernen, sondern sie zuzulassen, sie als einen Teil der eigenen Wirklichkeit anzunehmen und ihr die Zeit zu geben, die sie braucht. Dann wird sie von selbst langsam vorbeigehen. Und dann kann man seinen Lebensstil überdenken.

DIE GEFAHR, DIE VIERZIG ÜBUNGEN SELBST ZUM STRESSFAKTOR ZU MACHEN

Erschöpfte Menschen sind dünnhäutig und machen alles zur Anforderung. So besteht die Gefahr, auch aus den vierzig Übungen dieses Buches ein Stressprogramm zu machen, das mit Verbissenheit durchgeführt wird. Wenn Sie sich so erleben oder dazu neigen, aus der Beschäftigung mit diesem Buch einen Zwang zu machen, ist diese Form des Meditierens für Sie zum jetzigen Zeitpunkt wohl nicht das Richtige. Unterbrechen Sie am besten vorübergehend die Übungen auf. Sie können sie später wieder aufnehmen.

Was Sie suchen, das haben Sie schon, weil es Ihnen geschenkt ist. Der Mensch braucht sich nicht durch seine Anstrengung zu erlösen, er ist schon vom Stress erlöst, weil die liebevolle göttliche Macht das Gesuchte schenkt und die

Sehnsucht erfüllt. Das Meditieren ist nicht mehr als ein Sich-Öffnen für diese Sicht der Dinge.

Nach einer alten christlichen Vorstellung haben wir im Himmel nur eine Aufgabe: das Göttliche wahrzunehmen. Offensichtlich ist das Wahrnehmen von etwas Heiligem heilsam und keineswegs eine Anstrengung. Sonst müsste man ja Ferien vom Himmel bekommen.

Weiterführung

GESUNDHEITSFAKTOR SPIRITUALITÄT

Es ist inzwischen wissenschaftlich erwiesen, dass der Glaube beziehungsweise eine spirituelle Praxis zur Gesundheit beiträgt. Damit sind keine sogenannten Wunderheilungen oder Heilungen durch spektakuläre Rituale oder Zeremonien gemeint. Bei diesen Wunderheilungen ist wohl meistens Täuschung oder gar Betrug im Spiel. In diesem Buch geht es vielmehr um die langfristigen Folgen, die eine spirituelle Lebenshaltung hat. Sie führt zu mehr körperlicher und seelischer Gesundheit und hebt die Lebensqualität. Diese Zusammenhänge sind vielfach erforscht. Im Jahre 2005 erschien dazu das Sonderheft „Psychologie heute compact" zu dem Thema „Glück, Glaube, Gott". Wesentliche Forschungsergebnisse dokumentiert auch der amerikanische Arzt Dale A. Matthews in seinem Buch „Glaube macht gesund". Hier einige Ergebnisse der wissenschaftlichen Forschung:

Suchterkrankungen

Menschen mit religiöser Einstellung sind anscheinend weniger suchtgefährdet als der Durchschnitt der Bevölkerung.

So wurde bei einer Untersuchung unter amerikanischen Schülern festgestellt, dass nur 8 Prozent der Schüler, die Religion wichtig nahmen, wöchentlich Alkohol konsumieren im Gegensatz zu 26 Prozent der Schüler, denen die Religion weniger wichtig war. Dem entspricht, dass die größte Selbsthilfebewegung gegen die Alkoholsucht, die Anonymen Alkoholiker, in ihrem Zwölf-Schritte-Programm einen spirituellen Ansatz verfolgen, der den Betroffenen nahelegt, eine Beziehung zu „Gott, wie wir ihn verstehen" zu finden, sich dieser höheren Macht zu unterstellen und damit aus dem Einflussbereich der Herrschaft des Alkohols herauszutreten.

Religiös orientierte Entziehungsprogramme führen mit zehnmal höherer Wahrscheinlichkeit zu einer Abstinenz von Heroin als nicht religiös orientierte Programme (Matthews, S. 40). Was könnte der Grund sein? Wirkt vielleicht die Verpflichtung im Angesicht einer höheren Macht stärker als die Verpflichtung nur vor sich selbst? Spiritualität scheint die Ichgrenzen durchlässiger zu machen. Ersetzt vielleicht diese Durchlässigkeit der Ichgrenzen, dieses Zulassen von religiöser Ekstase teilweise das Betäubungserleben von Alkohol und Drogen? Kann unser Gehirn eventuell einfach leichter glauben, dass wir das nächste Glas Alkohol stehen lassen können, wenn wir uns vorstellen, dass eine höhere Macht uns dabei hilft?

Suizidgefährdung

Spirituelle Menschen verüben um 53 Prozent seltener Suizid als eine Vergleichsgruppe der Gesamtbevölkerung (Matthews, S. 32). Gerade in meinem Arbeitsfeld, der Psychiatrie, lässt sich häufig feststellen, dass der Glaube Menschen vom Suizid abhält. Das hat teilweise moralische Gründe, weil Selbsttötung von vielen Religionsgemeinschaften als Sünde angesehen wird. Teilweise liegt es auch daran, dass spirituelle Menschen sich sagen: Wenn mir Gott eine schwere Situation aufgibt, dann gibt er mir auch die Kraft, sie durchzuhalten.

Körperliche Gesundheit und Lebenserwartung
Männer, die in der Religionsgemeinschaft der Mormonen aktiv sind, hatten bei einer amerikanischen Untersuchung viel seltener Krebs an Lippen, Mundhöhle, Speiseröhre, Lunge und Blase als nicht religiös eingestellte Zeitgenossen. Liegt das womöglich an einem gesünderen Lebensstil? Bei männlichen Adventisten stellte man in Holland fest, dass die durchschnittlich neun Jahre länger leben als die Männer der Gesamtbevölkerung (Matthews, S. 34). In Deutschland ergab eine Studie, dass Geistliche zu der Berufsgruppe mit der höchsten Lebenserwartung gehören.

Bei älteren Frauen mit Hüftoperationen beschleunigte der Faktor Glaube den Genesungsprozess. Die Frauen, die sich als religiös definierten und angaben, Trost aus ihrem Glauben zu ziehen, konnten bei ihrer Entlassung schon deutlich weiter gehen als diejenigen, die sich als nichtreligiös bezeichneten. Religiöse Menschen waren zwölf Monate nach einer Herztransplantation mit größerer Wahrscheinlichkeit in einem guten körperlichen Allgemeinzustand als nicht religiöse (Matthews, S. 175-175). Ähnliche Erfahrungen wurden auch bei anderen Erkrankungen belegt.

Dabei scheinen wichtige Faktoren zu sein, ob jemand schon einmal in seinem Leben so etwas wie die Liebe Gottes erfahren hat, ob er sich Gott überhaupt als liebevoll vorstellen kann und ob er spirituelle Rituale pflegt. Menschen die das tun, sind offensichtlich gelassener und haben mehr Halt.

Lebensqualität

Neben der geringeren Häufigkeit bestimmter Erkrankungen scheint auch die Lebensqualität religiös orientierter Menschen im Krankheitsfall besser zu sein. Religiöse Menschen können sich leichter mit ihrer Krankheit abfinden und beschreiben ihren Zustand in weit höherem Maße als „relativ gut". Sie sagen öfter „Ich fühle mich den Umständen entsprechen wohl" als nicht religiöse Menschen.

So lässt beispielsweise bei verheirateten Frauen zwischen 60 und 75 Jahren eine religiöse Orientierung am verlässlichsten Zufriedenheit erwarten. Bei Witwen ist unabhängig davon, ob sie Kinder haben oder nicht, Religion entscheidend für ihr allgemeines Wohlbefinden (nach einer kanadischen Studie von 1982, Matthews, S. 165).

Elemente des „Medikamentencocktails Spiritualität"

Welche Gründe könnte es für die positive Auswirkung der Religion auf die Gesundheit geben? Welche „Medikamente" spielen eine Rolle? Hier einige der Elemente aus dem „Medikamentencocktail" Spiritualität (nach Dale A. Matthews):

– *Gleichmut.* Eine spirituelle Lebenseinstellung dämpft Stress, der auf die Dauer krank macht.
– *Mäßigkeit.* In religiösen Zusammenhängen wird oft davon gesprochen, liebevoll mit dem eigenen Körper umzugehen, Mäßigkeit zu üben.
– *Vertrauen.* Wer der höheren Macht Gottes vertrauen kann, verschwenden weniger Energie bei dem Versuch, die Dinge zu kontrollieren, die er doch nicht kontrollieren kann.
– *Erneuerung.* Religiöse Menschen können Schuld eingestehen, Vergebung annehmen und so einen neuen Anfang finden. Sie verschwenden weniger Energie dabei, ständig ihr Versagen vor sich und anderen zu verbergen.

- *Gemeinschaft.* Religiöse Menschen finden sich weit häufiger als der Durchschnitt der Bevölkerung in einer tragenden Gemeinschaft wieder.
- *Rituale.* Religiöse Menschen üben öfter als andere heilsame Rituale aus, sei es in einer Gemeinschaft mit anderen, sei es in einer privaten Andacht für sich allein. Darin finden sie Sicherheit.
- *Schönheit.* Religiöse Menschen wertschätzen die Schöpfung. Sie neigen nicht zu der Feststellung, die ganze Welt sei schlecht und sowieso verdorben, sodass es sich nicht lohnt, sich für irgendetwas einzusetzen. Sie halten die Schöpfung im Kern für gut. „Und siehe, es war alles gut", sagt Gott mehrmals in der biblischen Schöpfungsgeschichte.
- *Sinn.* Religiöse Menschen neigen weniger als andere dazu, ihr Leben für sinnlos zu halten.
- *Transzendenz.* Religiöse Menschen erwarten Gutes von Gott. Schon nach dem einfachen psychologischen Gesetz der Selffulfilling Profecy neigen unsere Erwartungen dazu, sich zu realisieren. Erwartungen von Rettung und Heil werden, wenigstens teilweise, in unserem Leben wahr.
- *Liebe.* Damit ist die Liebe zu sich selbst, zu seinem Mitmenschen und zu Gott gemeint. Dass Liebe manche Beschwerden heilt, ist auch aus anderen Zusammenhängen einsichtig.

DEN KRITIKERN GEGENÜBER KRITISCH

Das Interesse an Spiritualität und Religion ist neu erwacht. Zu der Thematik wird in Zeitungen und Zeitschriften viel veröffentlicht, die ein eher intellektuell distanziertes Milieu bedienen, zum Beispiel im „Spiegel" oder „Die Zeit". Womit hat das neu erwachte Interesse zu tun?

Vielleicht liegt es an der Begegnung mit dem Islam in unserem eigenen Land. Wir begegnen religiös sehr überzeugten Menschen und spüren, welche Macht in ihrem Glauben liegt. Vielleicht ärgern wir uns über Intoleranz, sind aber doch auch fasziniert von der Kraft einer religiösen Überzeugung.

Möglicherweise hat das neu erwachte Interesse aber auch andere Gründe. Vielleicht spüren viele Menschen, dass sie mit reiner Rationalität nicht glücklicher werden, die Umwelt nicht besser geschützt und die Gesellschaft nicht solidarischer werden.

Das Verdrängte kommt wieder. Sie beschäftigen sich viele Menschen mit dem Teil ihrer Seelenlandschaft, den sie selbst als Anhänger eines kritischen Rationalismus verdrängt haben. Sie suchen einen eigenen Weg, um wieder mit dem Spirituellen in Kontakt zu kommen, ohne die Intoleranz mancher religiöser Strömungen zu übernehmen. Damit wird die Epoche jahrhundertelanger Kirchen- und Religionskritik abgelöst von einer postmodernen Epoche einer neuen Offenheit.

Die wichtigsten kritischen Argumente gegen diese neue Sicht von Spiritualität sind:
– Spiritualität ist irrational.
– Spiritualität fördert Anpassung und nicht persönliche Freiheit.
– Spiritualität wird dem Offenbarungsanspruch der Religionen nicht gerecht.
Im Folgenden einige Bemerkungen zu diesen Einwänden:

Spiritualität ist irrational
Natürlich enthält Spiritualität viel Irrationales. Aber die moderne Erkenntnistheorie lehrt, dass es sich mit dem angeblich rationalen Denksystem nicht anders verhält. Rationalität hat die Atombombe möglich gemacht. Aber ist die nach wie

vor bestehende Hochrüstung mit zigfachem Overkill rational? Rationalität braucht der Architekt und Statiker, um ein Hochhaus zu entwerfen. Aber ist die Planung, auf dem Ground Zero in New York nach dem 11. September noch höher und noch gewaltiger zu bauen, rational? Oder wäre mehr spirituelle Bescheidenheit rationaler?

Mit Rationalität befasst sich die Forschung mit dem menschlichen Genmaterial. Besorgte Stimmen, die vor dem nicht kalkulierbaren Risiko warnen, werden mit Argumenten beruhigt wie: Wenn wir es nicht tun, dann tun es andere. Wir wollen doch beim globalen wirtschaftlichen Wettbewerb mithalten. Ein Abwägen der moralischen und sozialen Folgen findet kaum statt. Wie viel Behinderung darf ein Embryo haben, um noch implantiert zu werden und damit leben zu dürfen? Angesichts solcher Fragen ist die alte spirituelle Ehrfurcht vor dem Leben durchaus zukunftsweisend und rational.

Spiritualität fördert Anpassung und nicht persönliche Freiheit
Natürlich ist es wichtig, dass Menschen sich aus der selbst gewählten Knechtschaft der mittelalterlichen Religion befreit haben, um das Motto der philosophischen Aufklärung zu zitieren. Und oft genug waren es in der Tat die Kirchen, die versucht haben, Menschen in dieser Knechtschaft des Denkens festzuhalten. Aber wurden die Seelen frei, als die Dominanz der Religion gebrochen war und die Menschen nicht mehr von Religion abhängig waren, etwa im ausgehenden 19. und im 20. Jahrhundert?

Auf das Ende kirchlicher Dominanz folgte nicht die Freiheit, sondern neue Abhängigkeit, Abhängigkeit vom Nationalismus mit schrecklichen Folgen, später dann Abhängigkeit von der globalen Wirtschaft und ihren ungeheuer großen psychologischen Verführungskräften. Heute scheinen mehr

Menschen als je zuvor abhängig zu sein. Abhängig machen kann fast alles: Mode, Markenartikel, die angeblich schon die Kinder in der Schule unbedingt benötigen, um bestehen zu können. Abhängig werden manche von der Meinung von Nachbarn oder von der öffentlichen Wertschätzung. Gar nicht zu sprechen von der Abhängigkeit von Suchtmitteln wie Alkohol oder illegalen Drogen. Die Zahl der Suchtkranken wächst in erschreckendem Maß. Auch die Verschuldung weiter Kreise der Bevölkerung zeigt eine beängstigende Abhängigkeit von Konsumartikeln und Statussymbolen. Die ärmsten Leute haben oft die modernsten Fernsehgeräte, sie benötigen sie für ihr Selbstbewusstsein.

Wer heute gegen abhängig machende Kraft der Kirchen und Religionen arbeiten will, setzt bei seinem Befreiungskampf an der falschen Stelle an. Denn längst haben andere Kräfte die Rolle übernommen, Menschen in die Unfreiheit zu führen. Längst hat die Religion nicht mehr die Rolle der Macht, jedenfalls nicht bei uns in den säkularisierten westlichen Staaten. Die Religion ist langsam aber stetig in eine andere Rolle hineingewachsen, sie ist ein Hort der Befreiung der Menschen von konsumgelenkter raffinierter psychischer Manipulation.

Wo, außer in den Kirchen, wird in unserer Gesellschaft noch der elementare Satz verbreitet, dass jeder Mensch gleiche Akzeptanz und Wertschätzung verdient, unabhängig von seiner Leistung und seiner Konsumfähigkeit? In einer Zeit, in der man auf Autoaufklebern lesen kann: „Deine Armut kotzt mich an", ist christliches Gedankengut sicher eher ein Beitrag zu Freiheit und Solidarität als eine Einengung. Die höchsten Türme werden heute nicht mehr von den Kirchen gebaut, sondern von den Banken. Und weit mehr Menschen ruinieren sich durch Glücksspiel und Geldanbetung als durch Spiritualität und Glauben.

Spiritualität wird dem Offenbarungsanspruch
der Religionen nicht gerecht

Diese Kritik wird von einer ganz anderen Seite vorgebracht. Sie beschreibt eine Religion, bei der es nicht um Einsicht und Vertrauen geht, sondern um Gehorsam. Diese Form der Religiosität gibt es durchaus noch, auch in unseren westlichen Gesellschaften. Sie scheint sogar viele Menschen anzuziehen, wie sich am Erfolg rigider Glaubensgemeinschaften und Sekten zeigt. Doch diese Art der Unterwerfungsreligion widerspricht den besten Traditionen von Christentum, Islam und Buddhismus. Wenn Gott sich der Seele offenbaren möchte, dann braucht er dazu nicht die Unfreiheit des Menschen und das Abschalten des Denkens, sondern dann wird seine Selbstkundgabe evident sein, einleuchtend, nachvollziehbar, überzeugend, aufbauend und heilsam. Jesus hat die Menschen nicht als Erstes aufgefordert, mit dem Denken aufzuhören und sich zu unterwerfen, sondern neu wahrzunehmen. Seine Botschaft war ein Aufbruch in eine neue Achtsamkeit. „Sehet die Vögel unter dem Himmel und die Lilien auf dem Felde", sagt er. „Sehet das Senfkorn, das kleinste unter den Samen, und doch wächst ein großer Busch daraus ... So ist das Reich Gottes."

Strömungen, die Religion mit Macht und Unterwerfung in Beziehung bringen, widersprechen letztlich der leisen, aber überzeugenden Selbstoffenbarung Gottes.

WARUM 40 ÜBUNGEN?

Es ist kein Zufall, dass dieses Buch 40 Übungen enthält und nicht 39 oder 41. Die Zahl 40 hat es in sich. Sie ist eine heilige Zahl. Sie bezeichnet in der Zahlenmythologie die Zeit der Vorbereitung für einen wichtigen Aufbruch in eine veränderte Wirklichkeit.

Diese Bedeutung rührt möglicherweise daher, dass der Sternhaufen der Plejaden 40 Tage vom Himmel verschwindet, bevor er wieder auftaucht und nach dem 3000 Jahre alten babylonischen Kalender ein neues Jahr beginnt. Auch in der Bibel hat die Zahl 40 oft die Bedeutung der Vorbereitung auf ein neues Leben: 40 Tage dauert die Sintflut, die Überflutung der Erde, bevor neues Leben auf ihr möglich ist. 40 Tage hält sich der Religionsstifter Moses auf dem Berg Sinai auf, bevor er die neue Religion und ihre Regeln bekannt macht. Israel wandert 40 Jahre durch die Wüste, bevor es im neuen Land ankommt.

40 Tage fastet Jesus in der Wüste, bevor er mit seinem Wirken beginnt. 40 Tage bewegt er sich nach seiner Auferstehung noch auf der Erde, ehe die Jünger ganz auf ihn verzichten und in ihr neues Leben ohne ihn eintreten müssen.

Wir kennen die besondere Bedeutung der Zahl 40 sogar von dem Wort „Quarantäne", das nichts anderes als 40 bedeutet. 40 Tage wird jemand isoliert gehalten, bevor man sicher ist, dass er seine ansteckende Krankheit nicht weitergibt. Die 40 Übungen dieses Buches wollen Ihnen helfen, sich auf eine neue Wirklichkeit vorzubreiten und in eine neue bessere Wirklichkeit aufzubrechen.

Schluss

WIEDER VERLIEBT INS LEBEN

Die Liebe zum Leben kann verdunkelt sein, kein Mensch kann sich von dieser Möglichkeit freisprechen. Die Gefahr, in die Lebensmüdigkeit zu geraten, ist am größten, wenn die eigene Kraft Konflikten oder Problemen gegenüber nicht ausreicht. Dieser Verlust der Liebe zum Leben kann so weit gehen, dass ein Mensch darüber nachdenkt, sich selbst zu töten.

Aber wird durch unlösbare Probleme und schmerzhafte Einschränkungen wirklich jede positive Sicht auf das Leben unmöglich, wirklich jede? Kann der Mensch seine Liebe zum Leben nicht aufrechterhalten oder weiterentwickeln, auch wenn er mit einem schmerzhaften Problem konfrontiert ist, das er nicht lösen kann? Dann wäre ein Meditationsprogramm wie in diesem Buch nur ein Luxusgut für leidensfreie Zeiten.

Es mag im Leben Zeiten geben, in denen keine Hoffnung erscheint und das Leid übermächtig zu werden droht. Genauso gibt es auch Zeiten unbeschwerter Lebensfreude. Meistens aber vermischen sich beide Zustände. Je nach Blickrichtung ist mehr Lebensfreude oder mehr Lebensverneinung zu erkennen. Dieses Buch will dazu anregen, auch in Problemzeiten das Leben zu lieben. Ich bin fest überzeugt, dass aus christlicher Spiritualität eine Liebe zum Leben erwächst. Religiöse Erfahrung, wie sie hier gemeint ist, führt zu einer tiefen Freude. Zugespitzt gesagt, gibt es kaum eine Lebenssituation, die das Verliebtsein ins Leben unmöglich macht. Weil bei Gott alles möglich ist, darum ist es auch in schwerster Erkrankung nicht unmöglich, in das Lebens verliebt zu sein, und zwar in ein Leben, das die Grenzen des Todes überschreitet. Ich habe das als Seelsorger oft gehört, sogar an Sterbebetten. Und es waren sehr ergreifende Augenblicke, Geschenke Sterbender an mich, die mir die Tür zur Freude am Leben aufgetan haben.

Grundsätzlich ist diese tiefe Freude jedem zugänglich. Gott oder die Urkraft des Lebens oder die universale Kraft der Liebe oder wie immer Sie es nennen mögen, hat Ihnen die nötige Umsicht und die nötige Spontaneität gegeben, die nötige Energie und die nötige Ruhe. Die universale Kraft hat einen Raum des Friedens und der Ruhe in Sie hineingelegt, in dem kein Mensch Sie beleidigen kann. In diesem Bezirk in Ihrem Herzen kann keine Kränkung Sie erreichen. Was immer Menschen über Sie denken können, dort kommt es nicht hin. Auch Fehler, die Ihnen unterlaufen, können Sie nicht bis dort hinein verwunden. In dieser Kammer sind Sie unverletzbar. Und Sie haben von dort aus eine unverletzliche Würde. Sie können immer wieder Kontakt mit diesem Raum der Ruhe aufnehmen. Allerdings können Sie nicht ununterbrochen dort bleiben, sondern müssen sich auch dem Alltag mit seiner Hektik und seinen Anforderungen stellen. Aber Sie können täglich dorthin zurückkehren.

Wenn Sie diesen Raum der Ruhe in Ihrer Seele nicht kennen, erscheint Ihnen schnell sehr vieles als Stress. Das lässt sich auf vielen Gebieten nachbuchstabieren. Da sucht sich jemand ein Hobby und erlebt das wunderbare Gefühl, zu neuen Ufern aufzubrechen. Später wird er durch das selbst gewählte Hobby eingeschränkt, es schnürt ihm den Geldbeutel und den Terminkalender ab, er wird abhängig. Eine andere erlebt Ähnliches in Bezug auf Partnerschaft. Erst sucht sie sich einen Partner und erlebt die Euphorie beginnender Zweisamkeit, doch dann merkt sie, dass sie von ihrem Partner abhängig wird, und fühlt sich eingeschränkt.

Die Seele ohne die Erfahrung dieses Raumes der Stille in ihrem Inneren wird umtriebig und abhängig. Am ehesten ist die Seele frei, wenn sie nicht vom Konsum oder vom Geldanhäufen, nicht von besessener Arbeit und nicht von einem anderen Menschen, nicht von einer politischen Idee abhängig ist, sondern von der universalen Liebe, wie immer Sie sie verstehen. Die Abhängigkeit davon ist befreiend und nicht einengend wie die Abhängigkeit von allem anderen. Warum ist das so? Die universale Liebe – ich nenne sie Gott – ist in sich unendlich vielfältig, sie umfasst so vieles an Möglichkeiten, auch an Paradoxem, dass die von ihr abhängige Seele sich auf einmal in einem freien Raum der unterschiedlichsten Möglichkeiten befindet.

Nach einem Sprachbild Martin Luthers gleicht die Seele einem Pferd, auf dem immer jemand reitet. Es kommt darauf an, einen Reiter zu finden, der die Seele nicht einengt und nicht kleinmacht, sondern ihr hilft, sich zu entfalten und zu wachsen. Wenn die Seele von Gott „geritten" wird, wird sie frei, sofern es ein Gott ist, der vielfältig genug ist. Hoffentlich tragen Sie in Ihrer Seele ein Bild von einem menschenfreundlichen und liebevollen Gott, der Sie im Loslassen bestärkt. Übrigens hat die jüdisch-christliche Religion die Freiheit und das weite Spektrum des Gottesbildes immer verteidigt. Wenn Gott sich selbst in der Bibel bezeichnet als den, der „da sein wird", und jede enge Festlegung vermeidet, dann eröffnet er ungeahnte Freiräume.

Von Gott abhängig zu sein ist des Menschen größte Freiheit, hat der dänische Philosoph Sören Kierkegaard gesagt. Sie können das an Menschen ablesen, die Ihnen besonders frei und in sich selbst ruhend erscheinen. Versuchen Sie einmal, ihre spirituelle Verankerung zu ergründen. Sie werden finden, dass diese souveränen Menschen fast immer ihre eigene befreiende Vorstellung von universaler Liebe gefunden haben und ihre eigene Spiritualität praktizieren.

Die zwölf Schritte
spirituellen Reifens

Der Weg dieses Kurses lässt sich in den folgenden zwölf Schritten zusammenfassen, die ich nach der Tradition der zwölf Schritte der Anonymen Alkoholiker neu formuliert habe. Die zwölf Schritte beziehen sich hier jedoch nicht auf eine Suchtproblematik, sondern auf die Notwendigkeit spirituellen Wachstums. Sie zu meditieren führt ebenfalls zu höherer Bewusstheit und mehr Lebensfülle.

1. Wir spüren eine gewisse Unzufriedenheit mit unserem Leben und beginnen, dieses Gefühl auszuhalten und ernst zu nehmen.
2. Wir üben uns darin, Zeiten der Stille einzuhalten und alles zuzulassen, was uns in der ruhigen Selbstwahrnehmung begegnet.
3. Wir spüren, dass wir nur einen Teil dessen, was wir erleben, selbst bestimmen können und geben den Versuch auf, alles zu kontrollieren.
4. Was wir selbst nicht in der Hand haben, beginnen wir, der Sorge einer höheren Macht zu überlassen.
5. Uns wird bewusst, dass Gott, wie immer wir ihn verste-

hen, in unserem Leben schon am Werke ist mit dem Ziel, uns glücklich sein zu lassen.

6. Wir entwickeln Aufmerksamkeit für die Momente der Begegnung mit dem Heiligen und entwickeln unsere eigene Form, mit dem Heiligen zu kommunizieren.

7. Wir lernen, uns selbst zu akzeptieren, entdecken unsere persönlichen Freiheiten und verringern unsere Angst vor der Bewertung durch andere Menschen.

8. Wir erkennen, dass Leiden, Krisen oder Trauerprozesse in unserem Leben immer auch Chancen sind: Wo eine Tür sich schließt, geht eine andere auf.

9. Wir erstellen eine Liste der Menschen, für die wir wichtig sind, und fragen danach, wie wir der Verantwortung für sie gerecht werden können.

10. Wir versuchen, gesunde Distanz zu gewinnen zu Menschen oder Umständen, die uns an einer erfüllten Lebensweise hindern.

11. Wir finden in der Bibel und in der Tradition anderer Religionen einen reichen Schatz an lebensfördernden Gedanken und Bildern.

12. Wir versuchen, wo es möglich ist, den gefundenen Schatz dieser spirituellen Lebensweise an andere weiterzugeben, ohne jemandem etwas aufzudrängen.

LITERATUR

Die Bibel nach der Übersetzung Martin Luthers, Deutsche
   Bibelgesellschaft, Stuttgart 1984

Bonhoeffer, Dietrich: Widerstand und Ergebung, Gütersloher Verlagshaus, Gütersloh 2002

Buber, Martin: Die Erzählungen der Chassidim, Manesse-Verlag, München 1949

Jalics, Franz: Kontemplative Exerzitien, Echter Verlag, Würzburg 1996

Matthews, Dale A.: Glaube macht gesund, Herder, Freiburg/Basel/Wien 2000

de Mello, Anthony: Der Dieb im Wahrheitsladen, Herder, Freiburg/Basel/Wien 1997

de Mello, Anthony: Eine Minute Unsinn, Herder, Freiburg/Basel/Wien 2001

Psychologie heute compact: Glück, Glaube, Gott. Was gibt dem Leben Sinn?, März 2005

Schöne Geschenk-Geschichten für Rosenfreunde, Herder, Freiburg/Basel/Wien 1996

Wendler, Detlef: Vom Glück des Gehens. Ein Weg zur Lebenskunst, Claudius, München 2010

Wendler, Detlef: Vom Zauber des Schlafes. Ein Weg zur Lebenskunst, Claudius, München 2011

DANK

Sehr herzlich möchte ich mich bei allen bedanken, die zu diesem Buch beigetragen haben, meinen theologischen Lehrern und allen, die mich in der Psychiatrie angeleitet haben, die Seele zu verstehen.

Insbesondere danke ich meinen Kollegen aus dem Bereich der Kirche, Pfarrerin Ortrun Hindemith und Pfarrer Eberhard Helms, für zahlreiche Anregungen und Ermutigungen. Aus dem Bereich der Supervision und neuerer Erkenntnistheorien danke ich Hartmut Zückner und dem Institut für Beratung und Supervision IBS in Aachen für die wertschätzende Begleitung.

Aus dem Krankenhausbereich danke ich Dr. Andreas Horn, Dr. Daniel Nagel und Thomas Häussler für viele psychologische und therapeutische Einsichten.

Der Publizist Klaus Waller hat mein Schreiben unermüdlich begleitet und mich immer wieder ermutigt. Ohne ihn gäbe es dieses Buch nicht. Nicht zuletzt bedanke ich mich bei meinem Lektor Dr. Dietrich Voorgang, der sich für eine zweite Auflage beim Claudius Verlag starkgemacht hat.